Scrum Master Exam Vorbereitung

Rapid Lernen, um das Scrum Assessment zu schaffen
Schon beim ERSTEN Anlauf!

Das einzige Vorbereitungsmaterial, das auch die falschen Antworten des Scrum-Assessments zum Lernen nutzt.

Egal, ob Sie für sich lernen oder für die Scrum-Master-Prüfung: Dieses Buch bildet die optimale Grundlage für ein fundiertes Scrum-Wissen.

In diesem Buch wurden Textauszüge von scrumguide.org verwendet.

Besuchen Sie die Webseite zum Buch
www.scrumprep.org

1. Version: 2015
2. Version: Januar 2016
3. Version: Februar 2017
4. Version: Januar 2018
5. Version: Januar 2019
6. Version: August 2019
7. Version: September 2020
8. Version: Januar 2021

BISAC:
Computers / Software Development & Engineering / Project Management
Business und Wirtschaft / Projektmanagement

Saso Nikolov GmbH
Julius-Brecht-Straße 3
D-60433 Frankfurt

www.scrumprep.org

Buch-Edit-Version: v22

Einleitung

Der Scrum Guide beschreibt das Scrum-Rahmenwerk. Dieses Buch vermittelt Ihnen, wie die Regeln von Scrum in der Praxis angewendet werden. Ganz gleich, ob Sie für den praktischen Einsatz lernen oder ob Sie auf die Scrum-Master-Prüfung hinarbeiten: Mit diesem Material zur Vorbereitung auf die Scrum Master Prüfung, lernen Sie spielend alle wesentlichen Aspekte von Scrum kennen. Darüber hinaus vertiefen Sie Ihr vorhandenes Wissen und stärken dadurch Ihre Selbstsicherheit, Scrum richtig einzusetzen.

Üblicherweise wird nach einem Scrum-Kurs die Zertifizierung empfohlen. Doch meist findet man nicht sofort die Zeit für das Assessment. Je länger man sich Zeit lässt, desto unsicherer wird man jedoch hinsichtlich des eigenen Wissens über Scrum. Wenn man dann die Zeit findet, das Assessment durchzuführen, ist die Wahrscheinlichkeit durchzufallen nicht gering. Denn obwohl das Grundverständnis vorhanden ist und man auch oft schon in Scrum-Projekten tätig gewesen sein mag, gehen die Fragen des Assessments über das grundlegende Verständnis und einige Praxiserfahrung hinaus. Wer das Assessment bestehen möchte, muss unter Beweis stellen, dass er über sehr detailliertes Scrum-Wissen verfügt.

Durchfallen beim ersten Versuch ist an sich nichts Schlimmes, doch verstärkt es die eigene Unsicherheit. Man ist verwirrt und stellt sich selbst in Frage. Dazu kommen die Kosten für einen erneuten Versuch.

Deshalb greifen viele, die das Assessment nicht bestanden haben, zu umfangreicher Scrum-Lektüre oder buchen gar einen zusätzlichen Scrum-Kurs.

Andere geben ganz auf und beschäftigen sich mit Scrum nicht weiter. Das ist sehr schade, denn auch wenn man keine Tätigkeit als Scrum Master anstrebt, hilft das Scrum-Wissen Ihnen dabei, andere zu unterstützen und sich besser in den Scrum-Prozess einzufinden. Dadurch wird für das ganze Team die Zusammenarbeit leichter und alle haben mehr Spaß am Projekt.

Warum sollten Sie sich aber dem Stress aussetzen, zu befürchten beim Assessment zu versagen? Frischen Sie lieber gleich vor dem ersten Test Ihr Wissen auf! Damit Sie das Assessment bestehen, bedarf es keiner umfangreichen erneuten Grundausbildung. Viel mehr hilft Ihnen dafür eine gute Zusammenfassung, die den Schwerpunkt auf die Zusammenhänge legt und dabei genau das Wissen verfestigt, das den Leser dazu befähigt, das Assessment erfolgreich zu bestehen. Und zwar ganz leicht.

Dieses Werk erhöht Ihre Chancen erheblich, das Assessment zu bestehen. Warum ein unnötiges Risiko eingehen? Durch die Lektüre dieses Buches minimieren Sie das Risiko durchzufallen deutlich. Und das zu einem weitaus günstigeren Preis, als es ein erneutes Assessment kosten würde, geschweige denn ein erneuter Vorbereitungskurs. Ich wünsche Ihnen, dass dieses Buch dazu beiträgt, Scrum in Theorie und Praxis erfolgreich zu meistern.

Saso Nikolov

PS: Dieses Buch enthält die letzten Änderungen von 2020 am Scrum-Rahmenwerk (Scrum Guide). Die letzten Änderungen betreffen vor allem die weitere Vereinfachung der Formulierungen im Scrum Guide. Da Scrum in immer mehr Bereichen außerhalb der IT genutzt wird, liegt hier auch der Fokus.

Zusätzlich wurde nun auch das Product Goal (Produktziel) eingeführt, an dem sich alle Beteiligte als wertvolles Ziel ausrichten. Jeder Sprint sollte das Produkt näher dem Produkt-Ziel bringen. Dies war implizit klar und wurde nun nochmal verdeutlicht. Ähnlich dem Projektziel aus dem Projektmanagement. Das „Warum" wird also noch stärker betont, da dies eine nützliche Umsetzung leitet.

Oft ein Thema ist das Abweichen vom Scrum-Rahmenwerk. Dies wurde 2017 stärker betont und in der Version 2020 noch einmal explizit erwähnt. Eine Änderung oder Abweichung von den Scrum Regeln kann dazu führen, dass es kein Scrum ist und das Rahmenwerk im schlimmsten Fall, eben nicht den gewünschten Effekt auf das Projekt hat.

Über dieses Buch

Dieses Buch vermittelt die Grundlagen für den professionellen Einsatz von Scrum. Es ist als Vorbereitungskurs für die Zertifizierung zum Scrum Master konzipiert. Angehende Scrum Master erhalten viele Antworten auf Fragen, die sich in der Praxis beim Einsatz von Scrum stellen.

Durch Fehler lernt man am besten. Darum werden in diesem Buch auch die falschen Antworten zu den Scrum-Fragen thematisiert. Es wird erläutert, warum die Antworten falsch sind. Das schafft ein Basiswissen, um andere Fragen zum gleichen Thema richtig zu beantworten.

Dieser Vorbereitungskurs frischt Ihre Erkenntnisse und Ihr Wissen auf. Damit erreichen Sie ein besseres Ergebnis im Scrum-Master-Assessment. Die zusammengefassten Scrum-Fakten geben Ihnen Sicherheit im Umgang mit Scrum und stärken auch Ihr Selbstbewusstsein über das Wissen von Scrum. Durch die Erklärungen, warum einige Antworten falsch sind, bauen Sie ein fundiertes Wissen rund um das Thema auf. Hierdurch werden Sie mit alltäglichen Fragen zu Scrum besser umgehen können. Nach der erfolgreichen Zertifizierung dient Ihnen dieses Werk als ein schnelles und gutes Nachschlagewerk für den täglichen Gebrauch.

Aufbau des Buches

Zuerst erfolgt eine kurze Einführung in die agile Softwareentwicklung. Dabei sehen Sie die Scrum-Events, Artefakte und Rollen in Scrum. Im Anschluss folgt der Hauptteil mit den detaillierten Konzepten, Fragen und Antworten zum Professional-Scrum-Master-Assessment. Die Fragen wurden den offiziellen Assessment-Fragen angelehnt. Die Erläuterungen zu den Antworten bieten Ihnen einen weiteren Blickwinkel auf die möglichen Fragen im Assessment und für Ihren täglichen Umgang mit Scrum.

Auch wenn Ihnen im Buchanfang genannte Begriffe nicht klar sind, empfehle ich Ihnen sich darauf einzulassen und diese erstmals einfach aufzunehmen. Im Laufe des Buches werden alle Begriffe ausführlich erläutert und Sie werden diese vollkommen verstehen.

Zielgruppe für dieses Buch

Dieses Buch ist für alle geschrieben, die das Scrum-Framework erlernen möchten und/oder eine Scrum-Master-Zertifizierung auf Scrum.org anstreben. Es richtet sich besonders an Personen, die bereits an einem Vorbereitungskurs für den Professional Scrum Master 1 teilgenommen haben und eine Auffrischung für das Assessment benötigen.

Über die Fragen und Antworten

Die Fragen und Antworten sind in englischer Sprache abgedruckt, da auch das Assessment selbst in Englisch erfolgt.

Entsprechende Kommentare zu den Antworten sind in Deutsch verfasst. Die Fragen hier sind den echten Fragen im Assessment sehr stark angeglichen. Dadurch soll nicht das „Auswendiglernen" gefördert werden, sondern eine gute Vorbereitung erzielt werden. Denn die Fragen und Antworten des Assessments können von denen im Buch stark abweichen, doch die Erkenntnis bleibt im Kern die gleiche.

Die Fragen bieten die Möglichkeit, mit Hilfe der Erläuterungen das eigene Verständnis von Scrum zu vertiefen. Besonders die Erläuterungen, warum eine Antwort zu einer Frage falsch ist, fördert Ihr Verständnis für die Zusammenhänge. Hierdurch ist man auf alle Arten von Fragen zu dem entsprechenden Thema optimal vorbereitet.

Die Fragen sind im Bereich Quiz eingestellt. Sie sehen zuerst die Fragen und die möglichen Antworten. Alle Fragen sind als Multiple-Choice Fragen ausgelegt. Das fordert Sie mehr, da es weniger leicht ist, ein Ausschlussverfahren anzuwenden.

Nach den Fragen kommen die Lösungen, zum größten Teil sind die Antworten kommentiert. Befindet sich ein Kommentar vor den Antworten, dann gilt es für alle richtigen Antworten.

Ob die Antwort richtig oder falsch ist, sehen Sie am vorangestelltem Symbol:

✔ Richtige Antwort

□ Falsche Antwort

Warum sind so viele Englische Wörter im Text?

Im ganzen Buch sind oftmals die englischen Begriffe benutzt worden. Damit soll der Leser sich an diese gewöhnen. Dabei mische ich immer wieder die deutschen Begriffe mit den englischen. So werden Sie es auch in der Arbeitswelt erleben und haben dann kein Problem, zu verstehen was gemeint ist. Zu Scrum gibt es nach wie vor zuallererst Informationen auf englisch.

Arbeitet man dann auch in verteilten Teams, werden die englischen Begriffe genutzt. **Auch später bei der Arbeit im Team werden diese englischen Begriffe verwendet.**

Haben Sie Fragen zu den Scrum-Fragen, Antworten oder Inhalten? Sollten sich bei Ihnen Fragen zum Buchinhalt ergeben, dann schreiben Sie diese direkt in den Facebook-Auftritt von scrumprep.org.

https://facebook.com/scrumprep

Dadurch haben auch die anderen etwas davon. Ich bin weit entfernt davon, perfekt zu sein, aber ich möchte das beste Scrum-Vorbereitungsmaterial auf Deutsch anbieten. So bringt jede Frage zum Verständnis auch mein Material weiter. Oft „liken" die Leser des Buches auch den Facebook-Auftritt und erhalten dann ebenfalls die Antwort auf Ihre Frage.

Haben Sie Anregungen, Kritik oder Sonstiges zu dem Buch?

Lassen Sie mich Ihre Meinung wissen. Schreiben Sie mir unter **saso@scrumprep.org**. Ich möchte nicht, dass Sie mit Fragen zurückbleiben oder sich über das Buch ärgern. In der Vergangenheit konnten die Vorgänger dieses Werks deutlich verbessert werden. Dafür hier nochmal mein Dank. Ob ich Ihre Anregungen einbinden werde, kann ich zwar nicht versprechen. Aber ich verspreche Ihnen, dass ich mir Mühe gebe, eventuelle Unklarheiten zu beseitigen. Wirklich.

Saso Nikolov

Inhaltsverzeichnis

Agile Manifesto

Am 13. November 2001 trafen sich 17 Personen, die sich mit den verschiedenen agilen Methoden bestens auskennen. Unter dem Namen „The Agile Alliance“ erarbeiteten sie das **Agile Software Development Manifesto**:

We are uncovering better ways of developing software by doing it and helping others do it. Through this work we have come to value:

Individuals and interactions over processes and tools.
Working software over comprehensive documentation.
Customer collaboration over contract negotiation.
Responding to change over following a plan.

That is, while there is value in the items on the right, we value the items on the left more.

Die offizielle Übersetzung auf Deutsch lautet

Wir erschließen bessere Wege, Software zu entwickeln, indem wir es selbst tun und anderen dabei helfen. Durch diese Tätigkeit haben wir diese Werte zu schätzen gelernt:

Individuen und Interaktionen über Prozesse und Werkzeuge.

Funktionierende Software über eine umfassende Dokumentation.

Zusammenarbeit mit dem Kunden über Vertragsverhandlungen.

Reagieren auf Veränderung über das Befolgen eines Plans.

Das heißt, obwohl wir die Werte auf der rechten Seite wichtig finden, schätzen wir die Werte auf der linken Seite höher ein.

17 Personen verfassten das Agile Manifesto

- Kent Beck
- Mike Beedle
- Arie van Bennekum
- Alistair Cockburn
- Ward Cunningham
- Martin Fowler
- James Grenning
- Jim Highsmith
- Andrew Hunt
- Ron Jeffries
- Jon Kern
- Brian Marick
- Robert C. Martin
- Steve Mellor
- Ken Schwaber
- Jeff Sutherland
- Dave Thomas

Quelle: http://agilemanifesto.org/

Scrum-Definition

Kurzbeschreibung

- Leichtgewichtig
- Einfach zu verstehen
- Schwierig zu meistern

Scrum ist ein Projekt-Rahmenwerk, mit dem komplexe Aufgabenstellungen umgesetzt werden können. Dabei liegt der Fokus auf einer schnellen Auslieferung des Produkts und der Möglichkeit seiner kurzfristigen Anpassung, falls sich die Anforderungen ändern sollten. Damit hilft es durch adaptive Lösungen (Product Increments) den Wert des Produkts (Lösung) zu steigern. Scrum ist keine Methodik.

Mit Scrum arbeitet man sich systematisch an ein komplexes Projekt heran. Man muss nicht alles bis zum Ende planen. Vielmehr arbeitet man sich inkrementell und iterative, Schicht für Schicht, zum Ziel vor.

Kurz gesagt fördert der Scrum Master folgendes:

1. Der Product Owner ordnet sein komplexes Problem in das Product Backlog ein.
2. Das Scrum Team wandelt in einem Sprint eine Auswahl an Arbeiten in ein wertvolleres Produkt-Inkrement.
3. Das Scrum Team und seine Stakeholder inspizieren das Ergebnis und nehmen Anpassungen für den nächsten Sprint vor.
4. Das Wiederholen der Schritte 1-3

Dieser Ansatz folgt dem Prinzip von „Inspect & Adapt". Es geht vor allem darum, dass mit Unsicherheit im Projekt, intelligent umgegangen wird.

Scrum selbst ist eigentlich nur ein Prozess und beschreibt die Phasen (Events genannt), die Beteiligten (Roles genannt), die Meetings und den Ablauf der Phasen. Es enthält keine Instruktionen, wie die einzelnen Arbeiten, Produktmerkmale und Meetings umgesetzt werden müssen. Scrum bietet die Freiheit, eigene Methoden für das Umsetzen von Projekten mittels Scrum zu nutzen.

Scrum ist für Teams gemacht, welche als Team über alle notwendigen Fähigkeiten verfügt, um das angestrebte Ziel (Produkt/Service) zu erreichen.

Theorie

Scrum ist also keine Methode. Scrum basiert auf der Theorie der empirischen Prozesssteuerung. Somit werden Optimierungen und Entscheidungen aus Erfahrungen und Gelerntem gewonnen. Das Prinzip entspricht „Inspect & Adapt“ (Inspizieren und Anpassen).

Wenn etwas gut funktioniert, mache mehr davon. Wenn etwas nicht mehr den Erwartungen entspricht, passe es an. Dieser Ansatz wird auf das Scrum Team, sowie auch auf das Produkt angewendet.

Jeder Sprint liefert am Ende auch „Lessons Learned“ (Gelerntes), welche sofort in den nächsten Sprint eingebunden werden können.

Bei Projekten mit klassischem Projektmanagement werden die Erfahrungen aus dem Projekt am Ende gesammelt. Diese Erfahrungen sollen beim nächsten Projekt helfen. Oft sind jedoch die Folgeprojekte zu unterschiedlich, so dass nur ein Teil der „Lessons Learned“ übernommen werden kann.

Bei Scrum werden die „Lessons Learned“ also schon nach kürzester Zeit in das laufende Projekt eingebunden. Damit profitiert die gesamte Umsetzung sofort und nicht erst am Ende des Projekts.

Häufig verwendete Tools

Hinweis: Scrum gibt keine bestimmten Tools vor, sondern nur Transparenz-Erfordernisse, die mit unterschiedlichen Tools erfüllt werden können. Die nachfolgenden Beispiele sind **nicht** Teil des Scrum Rahmenwerkes.

Dieses Buch konzentriert sich bewusst auf das Scrum-Framework gemäß der Beschreibungen im Scrum Guide. Oft wollen jedoch gerade Scrum-Einsteiger konkrete Beispiele für häufig genutzte Projekt-Tracking-Methoden erfahren.

Ich möchte deshalb kurz auf das Thema Tools eingehen, da es eine unzählige Vielfalt gibt und jedes Projekt-Team seinen eigenen Werkzeugkasten nutzt. Scrum selbst sieht keine speziellen Tools vor. Vielmehr wird nur das Konzept mit den Rollen, Prozessen und Regeln beschrieben. Die konkrete Umsetzung wird dem Scrum Team überlassen. Deswegen möchte ich hier nur für drei Elemente Beispiele aufführen:

- Product Backlog
- Sprint Board
- Definition of Done

Diese Beispiele für eine mögliche Umsetzung der Artefakte, sind nicht Teil des Scrum-Rahmenwerks.

Product Backlog

Das Product Backlog ist eine priorisierte Liste von Produktmerkmalen. Das bedeutet, dass es keine zwei Backlog Items gleicher Priorität nebeneinander gibt. Der Product Owner muss entscheiden, welches Item Priorität vor dem anderen hat und in der Liste der Items weiter oben steht.

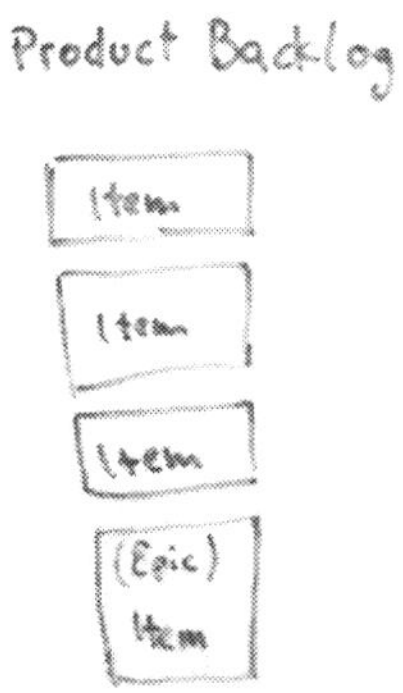

Oft sind die Product Backlog Items im unteren Bereich der Liste eher vage und sehr grob gehalten. Diese Items sind dann auch meist zu groß für eine Umsetzung innerhalb eines Werktages, wie es in der agilen Entwicklung üblicherweise angestrebt wird. Solche Items werden auch Epic Items genannt. Je weiter das Item nach oben rutscht, desto detaillierter wird es. Während der Umsetzung werden diese Items dann häufig in mehrere kleinere aufgeteilt.

Das Product Backlog kann es als digitale Variante geben und/oder als echtes Board. Bei der digitalen Variante werden oft Trello, Jira und gar Excel eingesetzt. Natürlich gibt es auch unzählige andere

Varianten. Oft nimmt der Product Owner für die Backlog-Items auch noch eine eigene Kategorisierung vor.

Bei der nicht digitalen Variante nehmen viele Product Owner Klebezettel oder Moderationsmaterial und kleben oder pinnen diese in einer Linie auf Ihr Board.

Das Product Backlog wird manchmal auch in der Nähe des Sprint-Boards platziert. Dabei wird darauf geachtet, dass die beiden Bereiche gut sichtbar voneinander abgegrenzt sind.

Sprint Board

Auch das Sprint-Board kann sowohl digital als auch real gestaltet sein. Das Sprint-Board dient der Koordination des Development Teams. Dabei werden in der Regel mindestens 4 Spalten genutzt.

- Sprint Backlog Item
- Tasks Todo
- Tasks In Progress
- Tasks Done

Die Items werden dabei vom Development Team in umsetzbare Arbeitspakete, die Tasks, aufgebrochen. Wenn jemand an dem Task arbeitet, kann er diesen Task in die Spalte „In Progress“ setzen. Sobald der Task erstellt ist, kann man ihn in die Spalte „Done“ verschieben. So können die Mitglieder des Development Teams einen Überblick über den Stand der Umsetzung behalten:

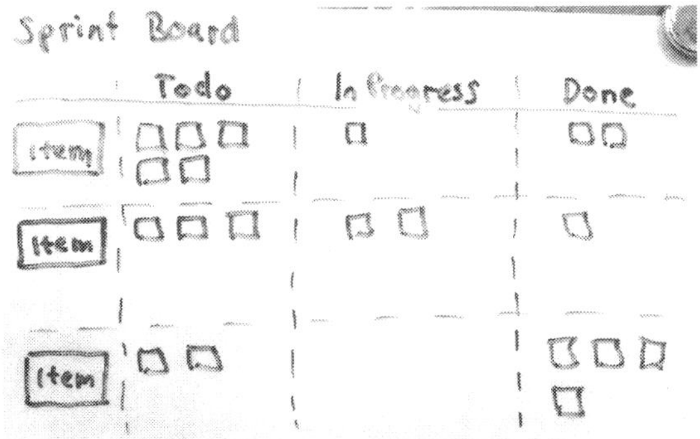

Wann die Tasks verschoben werden und ob noch mehr Spalten wie „Review“, „Testing“ oder ähnliche genutzt werden, hängt vom Development Team ab. Manche Teams nutzen das Daily Scrum, um die Tasks in die jeweiligen Spalten zu verschieben. Oft wird auch der „Burndown-Chart“ zum Sprint-Board hinzugefügt. Für all dies gibt Scrum keine Regeln vor, da Scrum allgemein keine Vorgaben hinsichtlich einzusetzender Tools macht.

Definition of Done

Die „Definition of Done“ sollte gut sichtbar für alle sein. Auch diese Liste kann digital abrufbar sein oder auf Papier stehen und an einer Wand angeheftet sein. Oft wird sie auch auf dem Sprint-Board angebracht, damit sie sich in nächster Nähe zu den Entwicklern befindet, um sie zu unterstützen, dass sie die einzelnen Anforderungen für den „Done“-Status im Bewusstsein behalten.

Infografik Scrum Prozess

Die folgende Infografik gibt einen guten Überblick über den Ablauf eines Scrum-Prozesses:

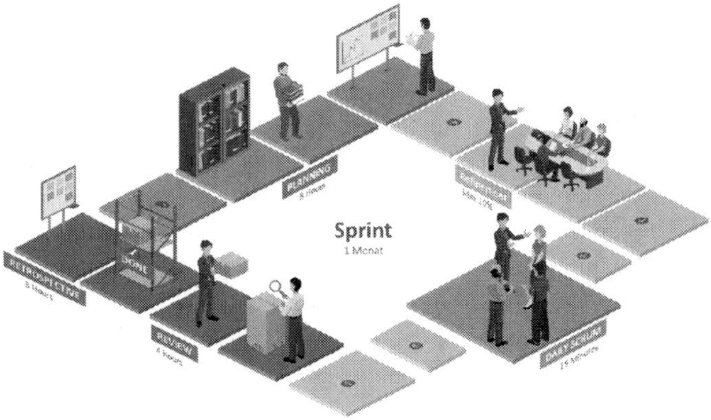

Im Bonusmaterial zum Buch, erhalten Sie die obige Grafik und noch viel mehr kostenlos zum Download. Drucken Sie sich die Grafik in einem größeren Format aus. Auch als Bildschirmhintergrund gut einsetzbar. Damit haben Sie den Ablauf jederzeit im Auge. Fordern Sie Ihr Bonusmaterial gleich ein:

https://scrumprep.org/buchbonus/.

Scrum ist ein Rahmenwerk für eine prozessgesteuerte Projektumsetzung. Hauptaufgabe ist die Erstellung eines lauffähigen Produktes. Das Produkt wird in kurzen Zyklen stetig weiterentwickelt. Dadurch kann der Produktverantwortliche schnell auf Änderungen am Markt und beim Kunden reagieren.

Durch die kurzen Entwicklungszyklen kann der Product Owner, das Produkt optimal an den Markt und an die Bedürfnisse der Kunden anpassen.

Scrum empfiehlt keine speziellen Werkzeuge. Es gibt vielmehr einen bestimmten Ablauf vor und enthält neben den drei Rollen für die Umsetzung einige zentrale Regeln.

Scrum

Kurzbeschreibung

- Drei Rollen: Scrum Master, Product Owner, Development Team
- Drei große gemeinsame Events: Sprint Planning, Sprint Review, Sprint Retrospective
- Daily Scrums für die Synchronisierung des Development Teams
- Refinement Meetings für die Überarbeitung von Product Backlog Items
- Artefakte: Product Backlog vom Product Owner, Sprint Backlog des Development Teams, Definition of Done, Product Increment
- Ein Durchlauf ist ein Sprint und verwandelt Backlog Items in ein potenziell auslieferbares Produkt (Produkt-Inkrement)

Scrum fußt auf drei Säulen

- Transparenz
- Überprüfung (Inspect)
- Anpassung (Adopt)

Die 3 Säulen leiten alle Fragen zu Scrum. Wenn in der Prüfung eine Antwort gegen diese Grundprinzipien verstößt, kann man diese als Falsch bewerten.

Transparenz

- Gemeinsame Prozess-Sprache
- Gemeinsames Verständnis der „Definition of Done", also Verständnis der minimalen Anforderungen für die Abnahme eines umgesetzten Product Backlog Items
- Code Reviews: Alle „Definition of Done" eingehalten?

Scrum basiert auf Vertrauen. Für das Vertrauen werden alle wesentlichen Aspekte des Prozesses sichtbar gemacht. Diese Aspekte unterliegen einem gemeinsamen Standard, so können alle Beteiligten ein gemeinsames Verständnis aufbauen. Damit sind alle über die erbrachten Leistungen informiert. Die Transparenz spiegelt sich auch in den Scrum Artefakten wider.

Überprüfung

Für die Erreichung des Sprint Goals überprüft das Scrum Team ständig die Scrum Artefakte sowie den Fortschritt in der Entwicklung. So können Abweichungen sofort korrigiert werden. Dabei sollen die Untersuchungen die Arbeit nicht behindern. Die Untersuchungen können zum Teil auch in die umzusetzende Arbeit integriert werden, zum Beispiel mit automatisierten Tests oder klaren Akzeptanzkriterien für das Sprint Review und die „Definition of Done".

Anpassungen

Die Arbeit wird mindestens in vier formalen Scrum-Events überprüft. Die erkannten Abweichungen werden durch entsprechende Korrekturen angepasst. Abweichungen vom Sprint Goal können in diesen Events erkannt werden:

- Sprint Planning
- Daily Scrum
- Sprint Review
- Sprint Retrospective

Scrum-Werte

- Selbstverpflichtung (Commitment)
- Fokus (Focus)
- Offenheit (Openness)
- Respekt (Respect)
- Mut (Courage)

Das Scrum Team soll diese Werte leben. Damit werden die Scrum-Säulen eingehalten und gegenseitiges Vertrauen erreicht. Vertrauen ist unabdingbar in einem Scrum Projekt. Ansonsten arten die Meetings in Status-Meetings aus und jeder fühlt sich unwohl. Der Product Owner verdächtigt das Development Team zu wenig zu leisten und das Development Team beschuldigt den Product Owner die Selbst-Organisation auszuhebeln.

Soll Scrum erfolgreich sein, müssen die Werte gelebt werden. Sollte einer dieser Scrum-Werte oder einer der Scrum-Säulen nicht erreicht werden, ist das gesamte Projekt gefährdet. Darum achtet der Scrum Master ebenfalls darauf. Sein Ziel ist immer die Verfolgung und Einhaltung der Werte und Säulen.

Selbstverpflichtung

Das Scrum Team und damit auch jeder einzelne verpflichtet sich zur besten Leistung. Die Selbstverpflichtung kommt mit der Selbstbestimmung der Rollen und der einzelnen Personen. Mut, Fokus, Offenheit und Respekt führt zur **Selbstverpflichtung**.

Fokus

Nur durch **Fokus** können die Ziele optimal erreicht werden. Gerade bei Rollen, die in mehreren Projekten oder auch nur zum Teil in einem Scrum Projekt tätig sind, kann es passieren, dass hier die notwendige Selbst-Verpflichtung zum Projekt und den Projektzielen fehlt.

Offenheit

Ohne **Offenheit** ist Vertrauen kaum zu erreichen. Alle Beteiligten sollten in der Lage sein, ohne Repressalien, offen zu sprechen.

Respekt

Das Scrum Team bringt den gegenseitigen **Respekt** auf. Das fördert auch das Vertrauen. Die Scrum Team Mitglieder sehen sich als fähige, eigenverantwortliche Personen an, die ihr Bestes geben.

Mut

Es gehört **Mut** dazu, das Richtige zu tun. Der Product Owner gegenüber den Stakeholder. Das Development Team gegenüber seinen Kollegen und dem Product Owner. Dabei ist nicht gemeint, sich über die vereinbarten Ziele und Anforderungen zu setzen, sondern Probleme und Risiken offen anzusprechen.

Die Rollen des Scrum Teams

Scrum kennt drei Rollen und basiert auf starkem gegenseitigen Vertrauen, dass die Teammitglieder in ihren jeweiligen Rollen ihr Bestes geben, um das Projektziel zu erreichen. Daher wird bei Scrum auch kein Projektmanagement im klassischen Sinne benötigt.

Dennoch gibt es eine Umsetzungsplanung und eine Release-Planung ist auch möglich.

- **Scrum Master**
  kümmert sich um den Ablauf des Scrum-Prozesses. Schult die anderen Rollen und wahrt die Scrum-Regeln.
- **Product Owner**
  verantwortet den Produktnutzen. Erstellt die Anforderungen und bestimmt die nächsten Produktfeatures.
- **Development Team**
  akzeptiert eine geeignete Menge an Produktfeatures pro Sprint und setzt diese in Eigenregie um. Schätzt die Anforderungen und hilft dem Product Owner bei Fragen rund um das Produkt.

Scrum Events

Die Erstellung von Produkten wird in Scrum innerhalb kurzer Zeitintervalle realisiert. Ein Intervall wird Sprint genannt. Die maximale Dauer eines Sprints sind 4 Wochen. Jeder Sprint ist in Events eingeteilt.

Alle Scrum-Events laufen innerhalb des Sprints ab. Jedes Event hat eine Timebox, die eine maximale Dauer des Events vorgibt. Am Ende eines Sprints schließt sich direkt der nächste Sprint an.

Grob gesagt ist jeder Sprint wie ein eigenständiges kleines Projekt organisiert.

- Sprint Planning
- Daily Scrum
- Sprint Review
- Sprint Retrospektive

Alle Timebox-Angaben beziehen sich immer auf einen 4-wöchigen Sprint. Bei kürzeren Sprints wird die Timebox ensprechend angepasst.

Nur die Timebox für das Daily Meeting bleibt konstant bei maximal 15 Minuten.

Überblick der Events/Meetings

Scrum Event	Maximale Dauer für 1 Monat Sprint	Input	Output
Sprint Planning	8 Stunden	Product Goal, Product Backlog, Product Increment, Development Kapazität, Development, Velocity	Sprint Goal, Sprint Backlog Items
Daily Scrum	15 Minuten	Sprint Backlog, Impediments	Aktualisiertes Sprint Backlog, Aktualisierte Impediments
Refinement Meeting (kein Event, sondern ein Meeting)	10 % Kapazität Development Team	Product Backlog Items, Epic Backlog Items, Feature Requests	Estimated Backlog Items, Kleinere Items, Neue Ideen
Sprint Review	4 Stunden	Product Goal, Sprint Backlog Items („Done“)	Product Backlog Items
Sprint Retrospective	3 Stunden	Eindrücke vom Sprint, Erfahrungen aus dem Sprint, Meinungen über den Sprint	Aktualisierte „Definition of Done“, Neue Tools und Vorgehens-weisen

Scrum Artefakte

- Product Backlog
- Sprint Backlog
- Product Increment

In Scrum werden drei sogenannte Artefakte erstellt. Diese Artefakte erhöhen die Transparenz und erlauben eine verlässliche Planung der Produktentwicklung.

Das Product Backlog zeigt, welche Produktmerkmale noch entwickelt werden. Das Sprint Backlog enthält die Produktmerkmale, die gerade in der Entwicklung sind. Das Product Increment ist das Ergebnis des Sprints und im Sprint Review verfügbar. Es enthält alle Arbeiten aus den vorangegangenen Sprints.

Die Transparenz wird unterstützt durch:

- Definition of Done (Artefakt der Transparenz)

Die *Definition of Done* enthält die Mindestanforderungen an das Product Increment und an die Arbeit des Development Teams. Dazu zählen auch Qualitätsmerkmale wie Tests und Dokumentation. Ebenso können nicht funktionelle Anforderungen festgehalten werden. Zum Beispiel: *Das System muss sich schnell anfühlen.*

Quiz

Fragen

1. Scrum is a method of software development.

- ☒ False
- ☐ True

2. After a Sprint, how much time is needed to prepare for the next one?

- ☒ None. A new Sprint begins immediately after the previous Sprint ends.
- ☒ Enough time for the requirements for the next Sprint to be determined and documented.
- ☐ Enough time for the Development Team to complete the tests of the last Sprint.
- ☐ The break between Sprints is time-boxed to 1 week for 30 day Sprints, and usually less for shorter sprints.

3. Which of the following is the best definition of Scrum?

- ☐ A comprehensive methodology that explains how to develop software.
- ☐ A cookbook that provides best practices for developing software.
- ☐ A distinct and predictive process that complies with Scientific Management
- ☒ A structure in which complex products are developed in complex environments.

4. Scrum is based on which of the following types of process control?

- ☐ Hybrid
- ☒ Empirical
- ☐ Defined

5. There is no "project manager" role in Scrum.

- ☐ False
- ☒ True

6. What is Management's role in Scrum?

- ☒ To provide the Product Owner with support and information into products and system capabilities.
- ☐ To frequently monitor the number of staff for the Development Team.
- ☒ To help the Scrum Master with changing the organization in order to encourage empiricism, self-organization, and smart software releases.
- ☐ To oversee the productivity levels of the Development Team.
- ☒ To recognize and remove people that performing well enough.

7. Which of the following has the same meaning as "an event has a timebox"?

- ☐ The event must take place at a specific time.
- ☒ The event cannot exceed a certain amount of time.
- ☐ The event must happen before a set time.
- ☐ The event must last for at least a specific amount of time.

8. Scrum is a detailed methodology that explains how to build software incrementally.

- ☒ False
- ☒ True

9. Which of the events are timeboxed in Scrum?

- ☐ Sprint Planning
- ☐ Release Testing
- ☐ Sprint Retrospective
- ☐ Daily Scrum
- ☐ Release Retrospective
- ☐ Release Planning
- ☐ Sprint Testing
- ☐ Sprint 0

Lösungen

1. Scrum is a method of software development.

✔ False

Scrum ist keine Methodologie. Scrum ist ein Prozessrahmenwerk für die Entwicklung komplexer Produkte. Die Regeln von Scrum bestimmen die Beziehungen und Wechselwirkungen zwischen Ereignissen, Rollen und Artefakten.

□ True

2. After a Sprint, how much time is needed to prepare for the next one?

✔ None. A new Sprint begins immediately after the previous Sprint ends.

Sobald der Sprint mit der Sprint Retrospective abgeschlossen ist, beginnt der nächste Sprint. Die Sprints hängen nahtlos aneinander und die maximale Dauer ist durch den Zeitrahmen (Timebox) vorgegeben.

□ Enough time for the Development Team to complete the tests of the last Sprint.

Das Testen ist Bestandteil der Entwicklungsarbeit. Das Development Team schätzt die benötigte Zeit für das Testen mit ein. Damit muss das Testen innerhalb des Sprints erfolgen. Dauert das Testen zu lange, muss zukünftig anders geschätzt werden.

□ Enough time for the requirements for the next Sprint to be determined and documented.

Der Sprint beginnt sofort nach dem Ende des vorherigen Sprints. Während des Sprints werden in den Refinement-Meetings die nächsten Product Backlog Items vorbereitet, also in den Zustand „Ready“ versetzt. Damit können diese Backlog Items für den nächsten Sprint im Sprint-Planning übernommen werden.

□ The break between Sprints is time-boxed to 1 week for 30 day Sprints, and usually less for shorter sprints.

Es gibt keine Timebox für den Wechsel von einem Sprint zum anderen. Jeder Sprint beginnt sofort nach dem anderen Sprint. Der Sprint endet mit der Sprint Retrospective.

3. Which of the following is the best definition of Scrum?

□ A comprehensive methodology that explains how to develop software

Scrum ist keine Methode. Scrum beschreibt ein Rahmenwerk für die Umsetzung von Projekten. Dabei werden keine Werkzeuge oder bestimmte Methoden vorgeschrieben. Lediglich der (zeitliche) Ablauf und der Projektablauf und Teilergebnisse werden thematisiert. Dazu definitiert es drei Rollen und ihre Beziehungen zueinander. Es werden keine Methoden der Software-Entwicklung vorgeschrieben. Tipp: Schlüsselwörter wie „complete" deuten auf eine falsche Antwort für die Exam-Fragen.

□ A cookbook that provides best practices for developing software.

Scrum beschreibt ein Rahmenwerk für die Projektabwicklung. Somit ist es auf viele Bereiche anwendbar. Es ist nicht nur auf die Software-Entwicklung reduziert. Scrum beschreibt keine Praktiken, wie Software entwickelt oder getestet werden sollte. Es gibt keine Vorschriften über den zu leistenden Inhalt eines Projektteams. Ein vordefiniertes Cookbook widerspricht auch der Idee eines selbstorganisierten Teams, die Verantwortung für die Umsetzung zu übernehmen. Das Entwicklungsteam bestimmt selbst, wie es die Lösung umsetzt.

□ A distinct and predictive process that complies with Scientific Management

Scrum bietet eine Struktur für den Ablauf eines Projekts. Es bietet **keinen** Algorithmus, der immer ein fertiges Produkt liefern kann. Scrum lebt durch die Selbstbestimmung und Eigenverantwortung der Mitglieder im Scrum Team. Diese werden das Projekt, im Rahmen der Scrum-Regeln, entsprechend umsetzen. Scrum basiert auf einem empirischen Modell und ist kein wissenschaftliches Management-Werkzeug.

✔ A structure in which complex products are developed in complex environments

Mit Scrum kann man ideal Projekte angehen, deren Ausgang unsicher ist und man sich deshalb erst langsam an das gewünschte Endergebnis heranarbeiten möchte – ideal für Forschungsprojekte. Klassische Projekte gehen genauso gut damit. Der Vorteil liegt in der stetigen Anpassung an die Realität und die angepassten Anforderungen der Kunden.

4. Scrum is based on which of the following types of process control?

□ Hybrid

✔ Empirical

Das Scrum-Regelwerk ist durch die gelebte Erfahrung entstanden. Die Erfahrung mehrerer Entwickler führte zur Entwicklung des Agilen Manifests. Scrum wurde um das Agile Manifest und um die Erfahrung von Ken Schwaber und Jeff Sutherland geformt. Dies hat zu dem Scrum-Regelwerk geführt. Scrum nutzt einen iterativen und inkrementellen Ansatz, um die Prognosesicherheit zu optimieren und damit die Risiken besser zu kontrollieren. Es werden die Erfahrungen aus dem laufenden Projekt genutzt, um den nächsten Sprint noch besser zu gestalten.

□ Defined

5. There is no "project manager" role in Scrum.

□ False

✔ True

Scrum sieht nur drei Rollen vor: Product Owner, Scrum Master und Development Team. Der klassische Projektmanager kann in der Rolle des Product Owners aufgehen. Jedoch ist ein eigentlicher Projektmanager in Scrum nicht vorgesehen. Der zeitliche Ablauf ist in festen Zeiteinheiten geregelt und die Abfolge der Iterationen sind durch das Scrum-Regelwerk definiert. Scrum fördert die Selbstorganisation des Entwicklerteams. Diese übernehmen die Aufgaben für den Sprint und realisieren die entsprechenden Tasks eigenständig. Die Release-Planung übernimmt der Product Owner. Er ist auch für den Wert des Produkts verantwortlich.

6. What is Management's role in Scrum?

✔ To provide the Product Owner with support and information into products and system capabilities

Das Scrum Team besteht aus drei Rollen: Product Owner, Development Team und Scrum Master. Der Product Owner gleicht einem Manager noch am ehesten. Doch er ist kein Manager im eigentlichen Sinne, denn der Manager sollte sich zurückhalten und die Ergebnisse durch seinen Einfluss fördern. Der Product Owner muss oft über verschiedene Ebenen kommunizieren und benötigt oft Informationen aus anderen Abteilungen. Da kann es eventuell zu Verzögerungen und Revierkämpfen kommen. Das Management sollte sicherstellen, dass Scrum und die damit verbundenen Änderungen in der Organisation unterstützt werden.

☐ To frequently monitor the number of staff for the Development Team.

Das Development Team ist selbst organisiert. Es wird kein Manager benötigt, um die richtige Anzahl an Entwicklern im Development Team sicherzustellen. Grundsätzlich gibt es kein richtiges Monitoring im Sinne der Überwachung im Scrum, denn das Scrum Team erledigt die Arbeit. Die Ergebnisse, in Form von Inkrements, stellen die eigentlichen Messwerte für die Erbringung der Leistung dar.

✔ To help the Scrum Master with changing the organization in order to encourage empiricism, self-organization, and smart software releases.

Ein Manager hilft, Probleme aus dem Weg zu räumen und unterstützt die Mitarbeiter. Seine Mitarbeiter erledigen dann die Arbeit. Der Manager ist also eher ein Stakeholder als Teil des Scrum Teams. Das Management ist sehr wichtig, um das Scrum Team zu unterstützen. Diese Unterstützung erfolgt von außen. Das Management setzt die übergeordnete Vision und Strategie für das Unternehmen. Diese übergeordnete Vision und Strategie leitet das Scrum Team in den eigenen Entscheidungen.

□ To oversee the productivity levels of the Development Team.

Die Produktivität wird durch den Burndown-Chart dargestellt. Dieser muss aber nicht durch das Management kontrolliert werden. Die Leistung eines Development Teams wird am Ende des Sprints anhand der umgesetzten Sprint Backlog Items ermittelt und spiegelt sich im Product Increment wider. Die Produktivität steigert sich durch die Selbstverwaltung im Team. Jedes Teammitglied will grundsätzlich das Beste erreichen, was möglich ist. Vertrauen ist eine sehr wichtige Voraussetzung, um ein Entwicklungsteam zu fördern. Vertrauen, dass das Team sein Bestes gibt, um das Sprint Goal zu erreichen.

□ To recognize and remove people that performing well enough.

Das Entwicklungsteam organisiert sich selbst. Es benötigt keinen externen Manager, um das Team zu überwachen. Gerade das Vertrauen in das Entwicklungsteam ist ein starker Motivator für das Team. Ohne Vertrauen kann Scrum nicht funktionieren.

7. Which of the following has the same meaning as "an event has a timebox"?

□ The event must take place at a specific time.

Die Timebox bezieht sich auf die Dauer und nicht auf einen bestimmten Termin.

✔ The event cannot exceed a certain amount of time.

In Scrum hat jedes Event hat einen fest vorgegebenen Zeitrahmen. Diese maximale Dauer wird in der Regel auf einen vier Wochen langen Sprint angegeben. Wenn der Sprint kürzer ist, passt man die maximale Dauer für den Event entsprechend an. Nur das Daily Scrum bleibt mit maximal 15 Minuten am Tag gleich.

□ The event must happen before a set time.

Die Timebox bezieht sich auf die Dauer und nicht auf eine bestimmte Zeit.

□ The event must last for at least a specific amount of time.

Die Timebox stellt eine maximale Dauer dar. Wird für ein Event weniger Zeit benötigt, kann früher weitergemacht werden.

8. Scrum is a detailed methodology that explains how to build software incrementally.

✔ False

Scrum ist keine Methode oder Technik. Scrum ist ein Vorgehensmodell, also ein Prozessrahmenwerk, welches den Ablauf eines Projekts beschreibt. Die Mittel und Tools werden durch das Scrum Team selbst bestimmt.

□ True

9. Which of the events are timeboxed in Scrum?

Sprint Planning, Sprint Retrospective und das Daily Scrum sind timeboxed. Damit wird verhindert, dass es endlose Diskussionen gibt und man nicht zur Umsetzung kommt.

✔ Sprint Planning

□ Release Testing

Kein Scrum Event.

✔ Sprint Retrospective

✔ Daily Scrum

□ Release Retrospective

Kein Scrum Event.

□ Release Planning

Kein Scrum Event.

□ Sprint Testing

Kein Scrum Event.

□ Sprint 0

Es gibt kein Sprint 0. Oft hört man immer wieder vom Sprint0, damit ist die erste Planung und der erste Anlauf gemeint. Das ist aber eigentlich schon ein offizieller Sprint.

Release-Planung und Kontrolle des Fortschritts

Kurzbeschreibung

- Release-Termin anhand der Geschwindigkeit des Development Teams und geschätzten Backlog Items
- Anpassung der Backlog Items für die Release-Planung
- Burndown-Charts für die ausstehenden Arbeiten

Einschätzung der Dauer

Jeder Sprint setzt geschätzte Product Backlog Items um. Die umgesetzten Items können mit Ihren Schätzwerten aufsummiert werden. Nach 2 bis 3 Sprints pendelt sich die machbare Summe an Schätzwerten pro Sprint ein. Ab diesem Zeitpunkt kann man die geschätzten Backlog Items durch die ermittelte und machbare Umsetzungskapazität eines Sprints teilen. Damit erhält man die Anzahl an Sprints, welche benötigt wird, um die Product Items umzusetzen.

Das Development Team nutzt den Burndown-Chart, um seine noch zu erledigenden Arbeiten als Summe zu erfassen. Dabei ermittelt das Development Team täglich, spätestens zum Daily Scrum, die noch umzusetzenden Arbeiten als Total. So kann das Development Team Entscheidungen für die nächsten Arbeiten treffen, um das Sprint Goal zu erreichen.

Der Product Owner kann ebenfalls einen Burndown-Chart nutzen. Seine geschätzten Backlog Items stellen eine geordnete Liste dar. Damit kann der Product Owner sehr leicht bestimmen, welches Feature in welchem Sprint erledigt werden soll. Dies ermöglicht ihm eine Release-Planung. Müssen bestimmte Product Backlog Items früher umgesetzt werden, kann der Product Owner die Position des Items entsprechend anpassen.

Stakeholder

Es gibt 3 Gruppen von Stakeholder. Diese Stakeholder haben Erwartungen an das Projekt. Diese Erwartungen sollen durch den Product Owner erfüllt werden.

1. Finanzierer des Projekts
2. Anwender der Funktionalitäten und Ergebnisse
3. Anderweitig Betroffene

Die Erwartungen der Finanzierer, werden im Backlog als Backlog Items festgehalten. Die Backlog Items können nach den ersten Schätzungen in Sprints eingeteilt werden. Das Product Backlog stellt damit den Projektplan dar. Der Plan wird für das Reporting vom Product Owner an diese Stakeholder genutzt. Hier kommen gröbere Items (Epic Stories) zum Einsatz. Damit sehen auch die Finanzierer, wann das Projekt „Gewinne" bringt.

Für die Anwender sollten die Erwartungen als Backlog Items geplant werden. Diese Erwartungen gehen in das Product Backlog ein. Durch das Transparenz Gebot in Scrum, sind diese Stakeholder damit darauf vorbereitet, welche Erwartungen in das Produkt einfließen.

Die Stakeholder können im Sprint Review den Fortschritt mit dem Plan abgleichen.

Jeder Sprint bringt neue Erkenntnisse

Nach jedem Sprint wird erneut ermittelt, wie viel Arbeit umgesetzt werden konnte. Die verbleibenden Arbeiten werden durch den Product Owner vermerkt. Das macht der Product Owner spätestens mit dem Sprint Review.

Der Product Owner kann nun sein Product Backlog so anpassen, dass seine Ziele, also Release-Termine und Mindestanforderungen, erreicht werden können.

Dadurch hat das Scrum Team jederzeit einen Überblick über die Gesamtdauer für die voraussichtliche Erreichung der Ziele. Diese Daten sind allen Stakeholdern zugänglich und gehören zur gelebten Transparenz im Scrum.

Für Prognosen können diverse Planungspraktiken eingesetzt werden. Zum Beispiel Burndown- oder Burnup-Diagramme. Jedoch können in komplexen Umgebungen nicht alle zukünftige Ereignisse eingeplant werden. Das empirische Vorgehen gestattet aber, von der vorangegangenen Arbeit für die nächsten Sprints Entscheidungen bezüglich der Produktfeatures zu treffen. Das kann Einfluss auf das Product Backlog haben. So können Items neu hinzukommen, umsortiert oder entfernt werden.

Die Release-Planung kann ebenfalls innerhalb eines Refinement-Meetings gemacht werden. Dabei wird dann auch das gesamte Scrum Team involviert. Dies erhöht die Wahrscheinlichkeit der Umsetzung und Erreichung der Ziele. Das Mitwirken des gesamten Teams erhöht die Identifizierung mit dem Produkt.

Das Product Backlog wird durch den Product Owner ständig neu priorisiert. So bereitet der Product Owner bereits die Backlog Items für den nächsten Sprint vor. Doch diese Reihenfolge ist nicht fest. Gerade wenn nach dem Sprint einige Backlog Items nicht fertig gestellt wurden, kann eine Anpassung notwendig werden.

Der Product Owner muss entscheiden, was mit unfertigen Sprint Backlog Items geschehen soll. Also ob diese immer noch so wichtig sind, dass diese im kommenden Sprint umgesetzt werden müssen oder wieder im Product Backlog landen. Damit verschiebt sich seine Planung ständig.

Wenn die halbfertigen Sprint Backlog Items geschätzt wurden, können diese wieder für den nächsten Sprint genutzt werden. Das „Wieder-Einbringen" dieser Backlog Items kann zur Folge haben, dass ursprünglich geplante Backlog Items, auf den nächsten Sprint verschoben werden müssen. Durch die Priorisierung und der Schätzung ist dies jedoch einfach zu erkennen und anzupassen.

Quiz

Fragen

1. **The Head of IT department asks the Development Team for a status report about the progress of the Sprint. The Scrum Master should:**

- ☐ Let the Development Team figuring it out themselves
- ☐ Forward the request to the Product Owner for him to do it.
- ☒ Explain to the IT manager that the progress in Scrum comes from inspecting an Increment at the Sprint Review.
- ☐ Asks the Development Team to add the report to their Sprint Backlog.
- ☐ Do the report and send it to the IT manager.

2. **An efficient tracking tool are the Sprint burndown charts. What do they show?**

- ☒ The remaining total work for the Sprint as an estimate.
- ☒ The remaining Product Backlog Items.
- ☐ The effort put already into the Sprint.
- ☐ The hours that have been worked by each Development Team member.

3. **The remaining work of the Sprint is tracked by:**

- ☐ The Scrum Master
- ☒ The Development Team
- ☒ The Product Owner
- ☐ The Project Manager
- ☐ The Development Team together with the Product Owner

Lösungen

1. The Head of IT department asks the Development Team for a status report about the progress of the Sprint. The Scrum Master should:

□ Let the Development Team figuring it out themselves

Diese Anfrage kann das Development Team nicht selbst erfüllen. Auf Grund der internen Hierarchie-Ebenen könnte dies zu Konflikten führen. Vielmehr wird dieses Impediment an den Scrum Master weiter delegiert. Der Scrum Master versucht mit dem IT-Manager zu sprechen und die Prinzipien von Scrum zu vermitteln. Darunter fallen die Möglichkeiten, die Scrum bietet, den Fortschritt im Auge zu behalten.

□ Forward the request to the Product Owner for him to do it.

Der Product Owner berichtet an seine Stakeholder. Der Bericht enthält die umgesetzten Backlog Items in Form des Product Increments. Eine Berichterstattung über das tatsächliche Vorgehen der Umsetzung kann der Product Owner nicht vornehmen. Das Development Team arbeitet eigenverantwortlich und präsentiert die erreichten Ergebnisse im Sprint Review. Dort kann der erreichte Fortschritt des Projekts erfasst werden.

✔ Explain to the IT manager that the progress in Scrum comes from inspecting an Increment at the Sprint Review.

Die Umsetzung des Sprint Backlogs obliegt dem Development Team. Dazu gehört auch, wie wann und welche Arbeit erledigt wird. Ein Statusreport kann sogar einen falschen Eindruck erwecken. Dazu verstößt es gegen das Prinzip des Vertrauens. Das Ergebnis aus einem Sprint wird im Sprint Review ermittelt. Anhand der Ergebnisse kann der Product Owner einen Statusreport über den Fortschritt des Produkts für seine Stakeholder erstellen. Die eigentliche Umsetzung wird nicht durch Berichte kontrolliert. Die Ergebnisse sprechen für sich.

□ Asks the Development Team to add the report to their Sprint Backlog.

Das Sprint Goal sollte nicht angepasst werden. Die übernommen Backlog Items basieren auch auf der entsprechenden Velocity (Geschwindigkeit) des Development Teams. Ein Einbringen von weiteren Arbeiten von außen verändert die Arbeitsbelastung im Sprint. Eventuell können andere Items nicht umgesetzt werden. Das führt zu Frust und anderen Konflikten innerhalb des Scrum Teams. Dazu verstößt es gegen die Scrum-Prinzipien. Das Development Team ist eigenverantwortlich für die Umsetzung der akzeptierten Backlog Items für den Sprint beteiligt. Der Fortschritt am Produkt wird in der Sprint Review ermittelt.

□ Do the report and send it to the IT manager.

Das Development Team arbeitet eigenverantwortlich an den Sprint Backlog Items. Es wird kein Report über den Entwicklungszustand im aktuellen Sprint für den IT-Manager erstellt. Zwar kann das Development Team für sich selbst den Fortschritt ermitteln, aber nicht als Kontrollwerkzeug für andere. Der Sprint-Burndown-Chart könnte diese Berichterstattung erfassen, doch ist der Burndown-Chart nur für das Development Team und für die eigene Koordination im Team gedacht.

2. An efficient tracking tool are the Sprint burndown charts. What do they show?

✔ The remaining total work for the Sprint as an estimate.

Die Analyse des Fortschritts erfolgt bei Scrum, innerhalb des Sprints, anhand eines Burndown-Charts. Das Burndown-Chart gibt Auskunft über die noch zu leistende Arbeit. Das Development Team erfasst mindestens für jeden Daily Scrum die Summe der noch zu leistenden Arbeiten. Daraus können in gewissem Maße Trends und Prognosen abgeleitet werden. Das Team kann damit auch Prioritäten für die Items setzen.

□ The remaining Product Backlog Items.

Der Product Owner erfasst spätestens mit dem Sprint Review die Summe der noch ausstehenden Arbeiten. Er vergleicht die erreichten Werte der vorangegangen Sprints. Damit kann der Product Owner einen Trend für seine Prognose ermitteln. So ist er in der Lage, sein Product Backlog entsprechend zu aktualisieren, um zeitliche Zielvorgaben einzuhalten.

Der Sprint-Burndown-Chart gehört dem Development Team und zeigt eine Schätzung der noch zu erfüllenden Arbeiten.

□ The effort put already into the Sprint.

Man kann zwar auch erfassen, welche Arbeiten schon gemacht wurden. Doch es geht vielmehr um Kontrolle der Zukunft. So ist es interessant zu verstehen, wie man die Arbeit anpassen muss, damit das Sprint Goal erreicht wird.

□ The hours that have been worked by each Development Team member.

Der Sprint-Burndown-Chart ist keine Zeiterfassung der Arbeit, sondern er gibt Auskunft über die noch zu erfüllende Arbeit im Sprint als Total.

3. The remaining work of the Sprint is tracked by:

□ The Scrum Master

Das Development Team organisiert seine Arbeit selbst, damit auch die verbleibende Arbeit. Das Development Team ist als Ganzes für den Erfolg oder für die Nichteinhaltung des Sprint-Goals verantwortlich. Es erfolgt keine Kontrolle von außen, wie viele Arbeiten noch gemacht werden müssen.

✔ The Development Team

Der Sprint Backlog gehört dem Development Team. Das Development Team organisiert seine Arbeit selbst. Dazu zählt auch das Erfassen der noch zu erledigenden Arbeit. Dabei kann ein Burndown-Chart hilfreich sein und die verbleibenden Arbeiten anzeigen. Jeden Tag bis spätestens zum Daily Scrum muss das Scrum Team die Summe der verbleibenden Arbeit ermittelt haben. Diese Information wird für die nächste Umsetzung genutzt.

□ The Product Owner

Der Product Owner bestimmt die noch umzusetzenden Features für den jeweiligen Sprint. Die Arbeit, um das Sprint-Goal zu erreichen, wird durch das Development Team koordiniert. Damit ist auch das Development Team verantwortlich dafür zu bestimmen, wie viel Arbeit noch offen ist. Diese Information nutzt das Development Team, um die noch umzusetzenden Arbeiten im Team zu koordinieren.

□ The Project Manager

Es gibt keine Projektmanager-Rolle im Scrum. Das Development Team bestimmt die noch zu erledigende Arbeit und koordiniert damit die nächste Umsetzung. Da behält das Development Team das Sprint Goal im Auge.

□ The Development Team together with the Product Owner

Der Product Owner verlässt sich darauf, dass das Development Team das Sprint Goal erreicht. Die Umsetzung obliegt dem Development Team und wird nicht von außen gesteuert. Dazu gehört auch das Erfassen der noch ausstehenden Arbeiten. Diese Information nutzt das Development Team für die Koordination der Umsetzung der noch umzusetzenden Arbeiten.

Scrum Team

Kurzbeschreibung

- Product Owner (1 Person)
- Development Team (8 oder weniger Personen)
- Scrum Master (1 Person)

Das Scrum Team besteht aus drei Rollen. Das Development Team besteht in der Regel aus bis zu 10 Mitgliedern. Der Scrum Master und der Product Owner sind jeweils nur eine Person.

Das Scrum Team organisiert sich selbst und ist interdisziplinär organisiert. Das Team verfügt also über alle Kompetenzen, die erforderlich sind für die Umsetzung der Sprint Backlog Items. Das Team ist unabhängig von anderen Personen.

Das ganze Scrum Team ist verantwortlich dafür, dass wertherstellender und nutzenbringender Sprint erfolgt. Das Scrum-Team-Modell wurde konzipiert, um folgende Eigenschaften zu optimieren:

- Flexibilität
- Kreativität
- Produktivität

Development Team

Das Development Team setzt die Anforderungen aus dem Product Backlog um. Dabei übernimmt es so viele Product Backlog Items in sein Sprint Backlog, wie es glaubt im Sprint umsetzen zu können. Durch diese Maßnahme wird die Entwicklung stabilisiert und reduziert den Stress für das Development Team, denn das Product Backlog kann sich ständig ändern.

Die Länge der Sprints wird konstant gehalten und der Product Owner bestimmt diese Länge, um sein Risiko zu minimieren. Je höher das Risiko ist, dass sich Anforderungen anpassen müssen, desto kürzer ist die Länge der Sprints. Jedoch nicht kürzer als 1 Woche und nicht länger als 4 Wochen.

Die Stabilisierung der Sprintlänge für den gesamten Projektablauf, hilft Vorhersagen über die Fertigstellung von Product Backlog Item zu treffen. Das Development Team setzt die Sprint Backlog Items in Eigenregie um. Ganz so, als sei es ein externer Auftragnehmer. Es bedarf keiner Mikrosteuerung durch den Product Owner oder einer anderen Rolle.

Product Owner

Der Product Owner ist für den Erfolg des Projekts verantwortlich. Er ist dafür verantwortlich, die Interessen aller zu vertreten, die einen Anteil am Projekt und am Ergebnis haben.

Er verantwortet die Budgetierung. Dazu nutzt er die Gesamtanforderungen und die Ziele der Kapitalrendite (ROI = Return on Investment).

Seine Anforderungen werden im Product Backlog erfasst. Der Product Owner muss also sicherstellen, dass die nützlichsten Funktionen zuerst erstellt werden. Dazu priorisiert er in kurzen Abständen sein Product Backlog neu. So reagiert er auf die sich ändernden Einflüsse und Anforderungen. Zusätzlich gehört auch die Releaseplanung zu seinen Aufgaben. Diese Aufgabe bestimmt sich schon aus der Transparenz-Anforderung.

Scrum Master

Das alles ist nicht leicht, und wenn das noch in einem neuen ungewohnten Rahmen stattfinden soll, braucht das Scrum Team noch ein Mitglied, welches auf die Einhaltung von Scrum wacht.

Der Scrum Master wacht nicht nur über den Ablauf von Scrum, sondern ist auch ein Coach für das Scrum Team. Er hilft und unterstützt das Team bei der Umsetzung. Unterweist das Team und auch die Organisation in Scrum und fördert damit auch die Akzeptanz und das Verständnis von Scrum.

Schweine und Hühner

Es gibt in einem Projekt Personen, die direkt an der Umsetzung beteiligt sind oder Entscheidungen treffen (Schweine) und es gibt welche, die nur einbezogen werden, also Stakeholder (Hühner) sind.

In Scrum gibt es auch hier klare Trennlinien. Der Product Owner ist direkt an der Entscheidung der umzusetzenden Backlog Items beteiligt. Dazu kann es Benutzer nach ihren Wünschen befragen und dennoch sind diese damit nur einbezogen.

Das Development Team ist direkt an der Umsetzung beteiligt. Der Scrum Master leitet und coacht das Scrum Team in der Ausführung von Scrum. Alle Rollen in Scrum sind also „Schweine".

Für Scrum ist wichtig, dass hierbei die Sichtbarkeit gefördert wird und jedem klar ist, wer beteiligt ist und wer nur beobachtet. Das sieht man auch an der Regel, dass es nur einen Product Owner geben darf und diese Rolle eine Person ist und kein Komitee.

Konzept der gemeinschaftlicher Verpflichtungen und Selbstorganisation

Dieses Konzept muss intuitiv und sehr gründlich von allen verstanden werden. Erst dann, wird das Team ein gemeinsames Ziel annehmen. Dann werden Hindernisse nicht mehr hingenommen, sondern das Team selbst entwirft Pläne, um diese zu entfernen. Das Team fängt dann an, sich Gedanken zu machen, wie man das Projekt weiterbringen kann, trotz unterschiedlicher Fähigkeiten der einzelnen Mitglieder.

Der Scrum Wert „Selbstverpflichtung" (Commitment) schafft erst eine Zusammenarbeit im Team, die auf gleichberechtigte Teammitglieder beruht.

Interdisziplinäres Team

Interdisziplinäres Team bedeutet: Die Experten mehrere Disziplinen arbeiten in einem Team. Im Gegensatz dazu enthalten Multidisziplinären Teams, die Experten in einem Team und die Teams arbeiten zusammen.

Unter Interdisziplinärer versteht man mehrere Disziplinen umfassend, also mehrere Disziplinen zusammen genommen. Die Zusammenfassung soll bessere Ergebnisse liefern, als mit dem Blickwinkel aus einer Disziplin.

Die Aufgaben werden im Kollektiv angegangen. Dadurch können bessere Lösungen entstehen und bringt ein Gefühl der Gesamtverantwortung für die Gesamtlösung. Die Experten tauschen nicht nur den eigenen Lösungsansatz aus, sondern alle zusammen verbinden die verschiedenen Ergebnisse und Ansätze zu einer vom Team bestimmten besten Lösung.

Durch die verschiedenen Disziplinen in einem Team, welche miteinander arbeiten, werden auch verschiedenen Methoden und Ansätze untereinander ausgetauscht. Alle lernen was dazu. Da alle Disziplinen auch zusammen an der Gesamtlösung gearbeitet haben, stehen auch alle zu der Lösung und dies erhöht auch den Erfolgsfaktor.

Der Unterschied zu multidisziplinären Teams

Hier sind Teams oder die Teammitglieder eines Teams als Experten in Disziplinen eingeteilt und arbeiten zuliefernd am Produkt. Jede Disziplin definiert und bearbeitet ihre Problemstellung weitgehend isoliert.

Diese Teams eignen sich sehr gut, wenn Teilaspekte des Problems vergleichsweise klar abgegrenzt und den beteiligten Disziplinen zugeordnet werden können. So profitiert man von der Expertise der Spezialisten und ihrer Fokussierung auf den entsprechenden Teilbereich. Also eher bei gut bekannten und etablierten Problemstellungen, welche oft mit klassischen Vorgehen einhergehen kann.

Die Arbeiten der Experten werden also nebenläufig getan und es findet zwischen den anderen Teammitglieder (oder Teams) kein methodischer oder konzeptioneller Austausch statt. In Scrum werden oft unbekannte Bereiche bearbeitet und unbekannte Lösungsansätze gesucht. Hier behindert der multidisziplinäre Team Ansatz das Projekt enorm.

Bei Teams im Team: Oft bekämpfen sich die Teams und schieben die Verantwortungen von einem Team zum nächsten. Bei Mitglieder im Team: Oft boykottiert man die Arbeiten anderer oder wartet nur auf einen Fehler. Es fehlt auch die Bereitschaft die Gesamtverantwortung zu übernehmen und wartet auf das Fertigstellen der Teillösungen durch andere.

Ein multidisziplinäres Team kann auch aus Mitgliedern bestehen, die alle Experten in ihrer eigenen Disziplin sind. Dann wirken die einzelnen Experten wie ein eigenes Team in einem übergeordneten Team.Nach außen hin, wirkt so ein Team, welches nur aus einzelnen Experten bestehen wie ein interdisziplinäres Team, doch oft ist es ein multidisziplinäres Team, welches bei den Anforderungen von Scrum Projekten oft eher zu Grabenkriegen führt, da jeder Experte auf seine Sichtweise und seinen Lösungsansatz beharrt.

Die Experten befürworten nur die eigene Spezialisierung. Damit entstehen am Ende nur Kompromisslösungen, die weniger begeistern.

Quiz

Fragen

1. It is necessary that each Scrum Team have a Product Owner and a Scrum Master.

- ☐ False. A Scrum Master is only needed if the Development Team requests one.
- ☐ True. Both the Scrum Master and Product Owner must be 100% dedicated to the Scrum Team.
- ☒ True. Their involvement and availability affect the outcome.
- ☐ False. A business analyst can also replace a Product Owner on the Development Team.

2. What is the ideal size of a Scrum Development Team?

- ☐ At least 7
- ☐ Between 5 and 9
- ☐ 9
- ☒ 8 or fewer

3. According to Scrum theory, how should a group of 100 people be separated into several Development Teams?

- ☒ The group divides itself into teams according to their understanding of the product, the product vision and the Scrum framework rules.
- ☐ Devise a matrix of skills, seniority, and experience levels in order to assign individuals to teams.
- ☐ It makes no difference because you can alternate the teams at each Sprint in order to share knowledge.
- ☐ Check to see which individuals have worked together before and use this information to form the first teams.

4. How can a Scrum Team make sure security concerns are met?

- ☐ Postpone all work until a specialist can come in for an audit and make a list of Product Backlog items related to security.
- ☒ Add security concerns to the plan description; Have the Scrum Team add each concern to the Product Backlog items.
- ☐ Assign the work to the department with security concerns.
- ☐ Add a Sprint designed to resolve security concerns.

5. Which of the following comprises a Scrum Team?

- ☒ Project Manager
- ☒ The Scrum Master
- ☒ Product Owner
- ☒ Development Team
- ☐ Management

6. Which of the following are roles found on a Scrum Team?

- ☐ Users
- ☒ Product Owner
- ☒ Scrum Master
- ☒ Development Team
- ☐ Customers

7. Multiple Scrum Teams creating the same product must use same Sprint start date.

- ☒ False
- ☐ True

Lösungen

1. It is necessary that each Scrum Team have a Product Owner and a Scrum Master.

□ False. A Scrum Master is only needed if the Development Team requests one.

Der Scrum Master schult alle Beteiligten in Scrum. Er wacht über die Einhaltung der Regeln und hilft beim Optimieren der Arbeiten im Development Team. Er kümmert sich um Hindernisse und verhilft damit zu einer Produktivitätssteigerung. Der Scrum Master überprüft auch das Produkt-Inkrement im Bezug auf Transparenz zur „Definition of Done".

□ True. Both the Scrum Master and Product Owner must be 100% dedicated to the Scrum Team.

Es ist nicht vorgeschrieben, dass alle Rollen zu 100 % verfügbar sind. Doch ist dies ein Vorteil. Der Scrum Master könnte am ehesten mit noch einem anderen Scrum Team arbeiten, da seine Tätigkeiten auf Organisation und Ablauf fokussiert sind und nicht auf das Produkt selbst.

✔ True. Their involvement and availability affect the outcome.

Die Ergebnisse im Sprint hängen von der Verfügbarkeit der Rollen im Scrum Team ab. Der Product Owner sollte für Fragen zu den Backlog Items verfügbar sein, ansonsten kann es zu Verzögerungen oder Fehlumsetzungen kommen. Das spiegelt sich in verminderter Produktivität wieder. Die Verfügbarkeit des Development Teams entscheidet über die Menge an umsetzbarer Arbeit innerhalb eines Sprints. Der Scrum Master hilft bei den täglichen Hindernissen, hilft beim Verfassen von Backlog Items. Er schult das Scrum Team in den Scrum-Regeln und im Scrum-Ablauf. Sollte der Scrum Master fehlen, sinkt die Produktivität durch das falsche Einsetzen von Scrum. Es kann auch dazu führen, Scrum ganz falsch anzuwenden. Mit den Ergebnissen unzufrieden werden die Scrum-Bemühungen eventuell eingestellt.

□ False. A business analyst can also replace a Product Owner on the Development Team.

Der Business-Analyst ist Teil des Development Teams. Der Product Owner ist verantwortlich für das Produkt. Er bestimmt den Nutzen und Wert des Produkts und ist bemüht, diese pro Sprint zu maximieren. Der Product Owner ist also mehr als nur ein Business-Analyst.

2. What is the ideal size of a Scrum Development Team?

□ At least 7

Eine so hohe Einschränkung für die Mindestanzahl ergibt keinen Sinn, da ein 3-Mann-Team ebenfalls erfolgreich arbeiten kann. Ein Team kleiner als zwei Personen könnte fast schon ein anderes Vorgehen wählen, da mit Scrum Master und Product Owner 50 % des Scrum Teams entwickelt. Das ist eine zu kleine Zahl, als dass es sich rechnen würde, wenn man den Mehraufwand für die Kommunikation und Organisation berücksichtigt.

□ Between 5 and 9

Eine so hohe Einschränkung für die Mindestanzahl hat keinen Sinn, da ein 3-Mann-Team ebenfalls erfolgreich arbeiten kann. Ein Team kleiner als zwei Personen könnte fast schon ein anderes Vorgehen wählen, da mit Scrum Master und Product Owner 50 % des Scrum Teams entwickelt. Das ist eine zu kleine Zahl, als dass es sich rechnen würde, wenn man den Mehraufwand für die Kommunikation und Organisation berücksichtigt.

□ 9

Würde bedeuten, dass man nur ein Scrum Team hat, wenn man genau 9 Entwickler im Development Team hat. Das kann nicht stimmen, denn es ist zu einschränkend.

✔ 8 or fewer

Untersuchungen haben ergeben, dass eine Scrum Teamgröße bis zu 10 Personen ein akzeptables Verhältnis zum Kommunikationsaufwand bietet. Das Team muss miteinander kommunizieren und sich auch um die entsprechende Abarbeitung der übernommenen

Aufgaben kümmern. Diese Koordination wird schnell unübersichtlich und kostet zu viel Zeit, wenn zu viele Mitglieder involviert sind. Weniger als drei Personen führen zu geringer Interaktion und dadurch zu geringerer Produktivität.

3. According to Scrum theory, how should a group of 100 people be separated into several Development Teams?

✔ The group divides itself into teams according to their understanding of the product, the product vision and the Scrum framework rules.

Sobald die Entwickler verstanden haben, um was es geht und auch das nötige Scrum-Wissen besitzen, können sich die Entwickler selbst in Gruppen mit 8 oder weniger Personen zusammenfinden. Das gehört zu sich selbst organisierenden Development Teams. Das stärkt gleichzeitig auch das Vertrauen in die Zusammenarbeit. Die Entwickler kennen ihre Stärken und die eigenen Schwächen und können damit eine bessere Einteilung vornehmen als das Management.

☐ Devise a matrix of skills, seniority, and experience levels in order to assign individuals to teams.

Eine Skill-Matrix hilft, funktionsübergreifende Teams zusammenzustellen. Jedoch werden dabei die Teams nicht durch die Entwickler selbst bestimmt. In Scrum vertrauen wir auf die Erfahrung der Entwickler, selber erkennen zu können, welche Zusammenstellung am sinnvollsten ist. Das Development Team ist für die Umsetzung verantwortlich und weiß somit auch am besten, wie die Produktziele erreicht werden können. Sobald alle Entwickler das notwendige Verständnis aufgebaut haben, welche Produktziele erreicht werden sollen, können sich die Entwickler auch in einzelne Development Teams von 8 oder weniger Entwickler einteilen. So zusammengestellt, können die Entwickler in Ihrem Bereich Höchstleistung erbringen.

☐ It makes no difference because you can alternate the teams at each Sprint in order to share knowledge.

Der Austausch von Erfahrungen wird durch das Daily Scrum angekurbelt. Im Sprint Review werden die Wege für die Zielerreichung vorgestellt. Grundsätzlich werden die Erfahrungen im Development Team geteilt. Das Development Team selbst bemüht sich, Erfahrungen auszutauschen und somit sich selbst zu verbessern. Das Umverteilen von Entwicklern ist nicht nötig und wirkt eher kontraproduktiv. Das Development Team ist das Expertenteam, welches das Produkt erstellt. Als verfügbare Experten für die Umsetzung wissen diese selbst, was das Beste für die Erreichung der vereinbarten Sprintziele ist.

- □ Check to see which individuals have worked together before and use this information to form the first teams.

Das Development Team organisiert sich selbst. Damit bekommt es die entsprechende Wertschätzung, die das Selbstwertgefühl steigert und damit auch die Produktivität fördert. Die Entwickler können selbst am besten entscheiden, welche Zusammenstellung für die Erreichung der Produktziele sinnvoll ist. Die Entwickler sind die Experten, welche die Umsetzung der Backlog Items für das Produkt verantworten. Bei einer willkürlichen Zusammenstellung kann es passieren, dass nicht alle benötigten Kompetenzen im Development Team verfügbar sind, um die Anforderungen an die Umsetzung zu gewährleisten.

4. How can a Scrum Team make sure security concerns are met?

- □ Postpone all work until a specialist can come in for an audit and make a list of Product Backlog items related to security.

Scrum zielt auf eine stetige Auslieferung eines nutzbaren Product Increments. Das Produkt soll schnell und mit Anpassungen an eventuell neue Anforderungen erstellt werden. Dies geschieht Schritt für Schritt. Eine komplette Unterbrechung ist nicht nötig. Vielmehr nutzt man die Sprints, um die ermittelten Gefahren zu behandeln. Die Risiken und Gefahren werden als Product Backlog Items oder in der „Definition of Done" erfasst. Damit profitieren auch zukünftige Produkt-Inkrements davon. Die Entwicklung wird nicht angehalten, sondern in die richtige Bahn gelenkt. „Inspect & Adapt" funktioniert auch sehr gut mit neuen Herausforderungen und Risiken, welche wessen des Projekts auftreten.

✔ Add security concerns to the plan description; Have the Scrum Team add each concern to the Product Backlog items.

Sicherheitsprobleme können in der Zukunft verhindert werden. Das Scrum Team erstellt entsprechende Mindestanforderungen an die Umsetzung der Backlog Items. Diese Anforderungen werden in der „Definition of Done" festgehalten. Damit sind diese zusätzlichen Anforderungen für jeden transparent und müssen bei der Schätzung berücksichtigt werden.

□ Assign the work to the department with security concerns.

Der Product Owner ist für das Produkt verantwortlich. Das Development Team ist in der Lage, alle notwendigen Arbeiten für die Umsetzung der Backlog Items durchzuführen. Das Scrum Team erstellt das Produkt. Das Abgeben von Arbeiten an andere ist nicht nötig. Entweder kann das Scrum Team in seiner derzeitigen Zusammenstellung das Produkt erstellen oder nicht. Das Development Team kann sich durch Externe beraten lassen oder gar Komponenten einkaufen. Die eigentliche Umsetzung wird dann durch das Development Team sichergestellt.

□ Add a Sprint designed to resolve security concerns.

Ein Sprint ist eventuell nicht genug, um alle Sicherheitsbedenken aufzulösen. Der Product Owner trägt die Verantwortung für das Produkt. Er kann entsprechende Product Backlog Items vorziehen und im nächsten Sprint umsetzen lassen. Eventuell ist ein ganzer Sprint auch zu viel. Nur durch die genaue Benennung der Sicherheitsprobleme und eine Schätzung über den Aufwand für die Behebung kann eine Entscheidung durch den Product Owner getroffen werden.

5. Which of the following comprises a Scrum Team?

Scrum kennt nur drei Rollen. Der Scrum Master sorgt für die Einhaltung der Abläufe und Regeln in Scrum. Er unterweist die anderen Rollen in Scrum-Fragen und organisiert den Scrum-Prozess. Der Product Owner verantwortet das Produkt. Sein Ziel ist es, möglichst schnell den höchsten Produktnutzen zu schaffen und beim Development Team in Auftrag zu geben. Das Development Team erledigt die Aufgaben, um das entsprechende Sprint Goal zu erreichen.

☐ Project Manager

Scrum kennt keine Projektmanager-Rolle. Das Development Team organisiert sich selbst. Die Produkt- und Release-Planung obliegt dem Product Owner.

✔ The Scrum Master

✔ Product Owner

✔ Development Team

☐ Management

6. Which of the following are roles found on a Scrum Team?

Der Product Owner ist für das Produkt verantwortlich und definiert anhand von Backlog Items den Wert und Nutzen. Das Development Team setzt die Backlog Items innerhalb der Sprints um. Der Scrum Master verantwortet die Einhaltung der Scrum- Regeln und schult alle Beteiligten im Scrum-Regelwerk.

☐ Users

Benutzer sind Stakeholder. Deren Meinung kann Einfluss auf das Produkt haben. Dieser Einfluss wird auf den Product Owner ausgeübt. Der Product Owner ist bedacht, den höchsten Nutzen des Produktes zu erzielen. Diesen Nutzen legt er mittels Items im Product Backlog fest. Das Product Backlog wird vom Development

Team abgearbeitet, indem es pro Sprint ausgewählte Items umsetzt.

✔ Product Owner

✔ Scrum Master

✔ Development Team

□ Customers

Kunden sind wertvolle Stakeholder. Diese beschreiben die Anforderungen und Wünsche an das Produkt. Der Product Owner entscheidet, welche Anforderungen sinnvoll sind und nimmt diese in das Product Backlog auf. Das Development Team arbeitet die Items aus dem Backlog ab und erschafft damit das Produkt.

7. Multiple Scrum Teams creating the same product must use same Sprint start date.

✔ False

Die Scrum Teams können, müssen aber nicht synchron arbeiten. Durch die Synchronisierung gibt es große Meetings, an denen kein Team am Produkt arbeitet. Wenn Teams sich gegenseitig Komponenten liefern müssen, kann eine Synchronisierung Sinn ergeben. Es besteht also keine Pflicht Scrum Teams synchron zu halten.

□ True

Rolle: Development Team

Kurzbeschreibung

- Selbst organisiert mit gleichberechtigten Entwicklern.
- Interdisziplinär (cross-functional) als Team, nicht unbedingt als Einzelner.
- Hilft dem Product Owner beim Verfeinern von Product Backlog Items.
- Schätzt Backlog Items für den Product Owner.
- Verpflichtet sich während der Planung auf ein Sprint Goal.
- Plant die Umsetzung und nimmt tägliche Anpassungen am Umsetzungsplan vor um das Sprint Goal zu erreichen.
- Setzt das Sprint Goal um.
- Hat eine Teamgröße von 8 oder weniger Personen.
- Verantwortet das Sprint Backlog.

Das Development Team verantwortet

- Die Bewertung der Sprint Backlog Items.
- Die Erreichung des Sprint Goals.
- Die Umsetzung der ausgewählten Sprint Backlog Items.
- Das Sprint Backlog.
- Die eigene Arbeit und Organisation der benötigten Tätigkeiten für die Umsetzung.
- Die Selbstverwaltung.

Aufgaben des Development Teams

- Zusammenarbeit mit dem Product Owner für die Definition von Produktmerkmalen.
- Aufwandsschätzung von Produktmerkmalen (Product Backlog Items).
- Schätzen und Planen der Aufgaben für die Umsetzung der Produktmerkmale.
- Festlegen von Ziel- und Arbeitsergebnissen pro Sprint.
- Vorführung und Präsentation der Sprint-Ergebnisse vor Product Owner und Stakeholdern.
- Optimierung der Produktqualität und Arbeitsweise.

Das Development Team vereinigt alle Personen, welche die Umsetzung des Sprint Goals ermöglichen. Diese Personen sind Experten, welche zusammen alle erforderlichen Arbeiten ausführen können, um das Sprint Goal zu erreichen. Somit können Teammitglieder mit verschiedenen Fähigkeiten ausgestattet sein. Diese Kombination ergibt ein funktionsübergreifendes Team. Jeder einzelne Entwickler muss nicht alles an benötigtem Wissen abdecken. Es muss nur gewährleistet werden, dass das Development Team als solches die notwendigen Arbeiten durchführen kann, welche für die Umsetzung der Sprint Backlog Items nötig sind.

Größe des Entwicklungsteams

Die optimale Größe fördert die Geschwindigkeit und Umsetzung gleichermaßen. Das Development Team darf nicht zu groß sein, sonst ist es nicht mehr flink genug. Es darf nicht zu klein sein, sonst kann es nicht alle großen Aufgaben erledigen. Bei weniger als drei Mitgliedern führt die reduzierte Interaktion zu einer geringeren Produktivitätssteigerung, als bei einem größeren Development Team. Zusätzlich besteht die Gefahr, dass dem Team für einige Probleme die benötigten Fähigkeiten fehlen.

Mehr als 8 Personen im Development Team benötigen zu viel Aufwand für die Koordination. Es wird zu komplex, als dass sich das Development Team selbst optimal managen könnte. Dieser Mehraufwand reduziert zudem die Produktivität. Der Product Owner und der Scrum Master zählen nicht zum Development Team.

Wenn zu viele Personen im Development Team sind, sollte sich das Development Team selbst in kleinere Einheiten einteilen. Das gehört zum Selbstmanagement des Development Teams. Das Development Team hat den besten Einblick darüber, wie die Teams eingeteilt werden sollten, damit die Arbeit optimal umgesetzt werden kann.

Scrum Co-Gründer Jeff Sutherland hat eine die Aussage der Teamgröße überdacht. In seiner Hauptrede am Global Scrum Gathering in San Diego in 2017, sagte Jeff, er habe herausgefunden, dass die optimale Größe des Teams 5 ist.

In der angepassten Version des Scrum Guides von 2020, wurde die Umschreibung der Teamgröße angepasst. Nun wird in der Regel eine Größe für das Scrum *Team* von 10 oder weniger angegeben. Damit wäre die Größe vom Development Team 8 oder weniger Personen.

Diese Aussage ist aber nicht prüfungsrelevant, sondern eher für die Praxis hilfreich. Drei Entwickler scheinen sich besser koordinieren zu können und damit effektiver zu arbeiten. Nach eigener Erfahrung sind sieben Entwickler schon ziemlich viel. Um hier gut voranzukommen, muss das Team sich schon gut kennen und öfters zusammen gearbeitet haben.

Quiz

Fragen

1. Which of the following are benefits of self-organization?

☒ Greater self-accountability

☒ Improved rule compliance

☒ Greater accuracy of approximationsf

☒ Increased dedication

☒ Boosted creativity

2. Which methods of forming Development Teams are in line with the values of Scrum?

☐ Managers individually assign their current employees into new teams.

☐ The Chief Product Owner organizes and assigns the new team.

☐ Managers work together to create specific teams.

☒ Existing teams make recommendations for organizing the new structure; bringing all developers together so they can organize themselves into Development Teams.

3. Which of the following does a self-organizing Development Team determine?

☐ When to release, according to progress made.

☐ Who the stakeholders are for the Sprint Review.

☐ The length of a Sprint.

☒ How to accomplish work best.

☐ How to order the Product Backlog.

4. Each Development Team should have:

☐ A Lead Developer and eight or fewer members.

- [x] The abilities and skills necessary to produce a Done Increment in a Sprint.
- [ ] At least one person from each of the major software engineering disciplines (such as QA, Dev UX)

5. For which of the following is the Development Team accountable?

- [x] Arranging the work necessary to meet the Sprint Goal
- [ ] Reporting productivity
- [x] Resolving conflicts that arise within the team
- [ ] Monitoring productivity
- [ ] Choosing the Product Owner

6. Who decides how the work is organized during the Sprint?

- [ ] Experts in the topic.
- [ ] Architects.
- [x] The Development Team.
- [ ] The Scrum Master.
- [ ] The Manager of the Development Team.

7. Who should ensure that members of the Development Team are performing tasks during the Sprint?

- [ ] The Project Manager.
- [ ] The Scrum Master.
- [ ] The Product Owner.
- [x] The Development Team.

8. Which of the following is a framework a Scrum Master would use to divide a group of 100 people into several Development Teams?

- [ ] Formulate groups to work on different layers (such as databases, UI, etc.).
- [ ] Let the Product Owner choose.

- ☐ Request that the Product Owner create the teams.
- ☒ Have the developers divide themselves into teams
- ☐ Allow the Development Team to decide.

9. Select duties of a self-organizing Development Team.

- ☒ Perform the work planned in the Sprint Backlog.
- ☒ Speed up.
- ☐ Present stakeholders with information about progress made daily.
- ☒ Add Product Backlog Items to the Sprint.
- ☐ Reorganize the Product Backlog.

10. The Development Team should possess all the qualifications required to:

- ☒ Turn Product Backlog Items into a functional Increment that can be released.
- ☐ Do all of the development, but not the testing that requires specific roles, tools, or conditions.
- ☐ Finish the project within the timeframe and budget determined by the Product Owner.

11. Which of the following describes a cross-functional Development Team?

- ☐ The Development Team is made up of developers, business analysts and testers.
- ☐ Developers collaborate with business analysts, architects, developers and testers who do not form part of the team.
- ☒ The Development Team includes individuals with many different skills who are able to collaborate and deliver an Increment of software.
- ☐ The Development Team is a virtual group of individuals from separate teams and includes business analysts, architects, developers and testers.

12. When should Development Team members change?

- ☐ At each Sprint, in order to encourage the sharing of knowledge.
- ☒ As necessary, while accounting for the possibility of a short-term drop in productivity.
- ☐ Never, because it decreases productivity.
- ☐ Just as it would on any Development Team, without regard for variations in productivity.

13. Who is responsible for estimating work during a Sprint?

- ☐ The Scrum Master.
- ☐ The Product Owner.
- ☒ The Development Team.
- ☐ The least experienced member of the team.

14. When should Development Team members offer to own a Sprint Backlog item?

- ☐ During the Sprint planning meeting.
- ☐ When a team member is able to take on more work.
- ☐ During the Daily Scrum.
- ☒ Never. The entire Development Team is responsible for all Sprint Backlog Items, even though an individual could complete an item.

15. How much should the Development Team work on a Product Backlog item it chooses for a Sprint?

- ☐ As much as it can in a given Sprint.
- ☐ The best it can since it is generally impossible for QA to complete the testing required to demonstrate deliverability.
- ☒ As much as it will be completed for each Product Backlog item according to the definition of done.
- ☐ Evaluation, design, developing, testing, and documentation.

16. When the CEO asks the Development Team to add a critical item to the Sprint, what should they do?

- ☒ Notify the Product Owner so she can talk to the CEO.
- ☐ Add the item to the Sprint without making any other changes.
- ☐ Add the item to the current Sprint and take away an item of similar size.
- ☐ Put the item on the next Sprint.

17. The Development Team should possess all the abilities required to:

- ☒ Complete the project as expected according to the timeline and budget.
- ☒ Convert the Product Backlog items it chooses into an Increment of shippable product functionality.
- ☐ Perform all of the development, but not the testing that necessitates particular testing, tools, and conditions.

18. What are two good opportunities for the development team to make non-functional requirements visible?

- ☐ Add them to the Product Backlog and inform the Product Owner about the expected effort.
- ☐ Test before the end of the sprint and transfer the still to be made tasks from the Sprint Backlog to the next Sprint.
- ☒ Use a separate list on the Scrum board, so for all to see
- ☒ Add them to the definition of "Done" so it can be considered for the work of every Sprint.

19. What is the responsibility of the testers within the Development Team?

- ☐ Verifying the finished Backlog Items.
- ☐ Searching bugs.
- ☒ Scrum has no "tester" role.
- ☒ The complete Development Team takes care about quality.
- ☐ Ensure the quality by tracking quality metrics.

Lösungen

1. Which of the following are benefits of self-organization?

Die Selbstorganisation stärkt das Selbstvertrauen und fördert eine bessere Identifizierung mit den Arbeitsergebnissen. Sich selbst organisierende Teams entwickeln eine Motivation aus der Tätigkeit heraus, da die Entwickler beweisen wollen, dass sie das Vertrauen verdient haben. Das Development Team wird sein Können mit besserer Arbeitsleistung unter Beweis stellen.

✔ Greater self-accountability

✔ Improved rule compliance

Die Regeln für bessere Qualität sind selbst auferlegt und werden deshalb auch gelebt. Niemand hat Regeln von außen vorgegeben, denen sich das Development Team beugen müsste. Dies fördert das Verständnis und die Akzeptanz von Regeln im Team.

☐ Greater accuracy of approximations

Die Schätzung von Backlog Items verbessert sich mit der Erfahrung, die das Development Team mit dem Produkt und seiner Entwicklung sammelt. Für bessere Schätzungen muss das Development Team nicht unbedingt selbst organisiert sein. Hier zählt vielmehr die Erfahrung mit dem Produkt und der Entwicklung, als die Freiheit sich selbst zu organisieren.

✔ Increased dedication

✔ Boosted creativity

Kreativität kann durch Freiheit steigen. Bei einem sich selbst-organisiertem Team kann sogar nicht nur die Kreativität steigen, sondern auch dessen Effektivität und Effizienz, um die notwendigen Arbeiten umzusetzen.

2. Which methods of forming Development Teams are in line with the values of Scrum?

□ Managers individually assign their current employees into new teams.

Das Development Team untersteht keinem Manager. Die Teams organisieren sich selbst und liefern das Produkt-Inkrement mit jedem Sprint. Da das Development Team die Arbeit erledigt, weiß es auch, wie die Zusammenstellung sein sollte, um das bestmögliche Ergebnis zu erreichen. Managern fehlt der nötige, tiefe Einblick in die notwendigen Arbeiten und in die tatsächlichen Fähigkeiten der Entwickler, um eine optimale Zusammenstellung zu gewährleisten.

□ The Chief Product Owner organizes and assigns the new team.

Der Product Owner verantwortet das Product Backlog und damit den Wert und Nutzen des Produkts. Er lässt das Produkt nach seinen Ansprüchen und Anforderungen durch das Development Team erstellen. Dabei ist das Development Team das Expertenteam, welches die benötigten Fähigkeiten und die Erfahrung mitbringt, um das Produkt zu erstellen. Der Product Owner bestimmt nicht, wie das Produkt umgesetzt wird. Er vertraut darauf, dass gute Arbeit geleistet wird. Der Product Owner begutachtet das Product Increment im Sprint Review. Die Transparenz der Arbeit überprüft der Scrum Master.

□ Managers work together to create specific teams.

Im Scrum hat das Development Team keinen Manager. Das Development Team genießt das Vertrauen der Organisation, sich selbst zu verwalten. Man vertraut darauf, dass das Development Team in der Lage ist, die notwendigen Arbeiten zu erledigen. Manager könnten auf Grund mangelnder Erfahrung mit dem Produkt und den Fähigkeiten der Entwickler keine optimale Entscheidung im Bezug auf die notwendigen Arbeiten treffen. Das Development Team stellt die benötigten Fähigkeiten im Team selbst zusammen, um eine optimale Umsetzung zu gewährleisten.

✔ Existing teams make recommendations for organizing the new structure; bringing all developers together so they can organize themselves into Development Teams.

Das Development Team besteht aus Profis, welche die Arbeit machen. Sie erstellen das potenziell auslieferbare Produkt-Inkrement mit jedem Sprint. Das Development Team bekommt von der Organisation die Möglichkeit, sich selbst zu organisieren. Man vertraut darauf, dass diese Experten genau wissen, wie die Development Teams am besten aufgestellt sein sollten, um das gewünschte Produkt zu liefern. Dieses Vertrauen und die übertragene Verantwortung beflügeln Entwickler zu mehr Effizienz und hoher Effektivität.

3. Which of the following does a self-organizing Development Team determine?

☐ When to release, according to progress made.

Ob ein Inkrement veröffentlicht wird oder nicht, liegt in der Verantwortung des Product Owners. Der Product Owner verantwortet den Wert und den Nutzen des Produkts. Er bestimmt, ob es sinnvoll ist, ein Product Increment zu veröffentlichen.

☐ Who the stakeholders are for the Sprint Review.

Am Sprint Review nehmen das Scrum Team und die wichtigen Stakeholder teil. Die Stakeholder werden vom Product Owner eingeladen.

✔ How to accomplish work best.

Das Development Team vereint alle Fähigkeiten, um das Sprint Backlog umzusetzen. Als Experten für die Umsetzung plant es selbstständig, wie die Sprint Backlog Items umgesetzt werden. Die eigentliche Arbeit wird also durch das Development Team geplant, organisiert und umgesetzt.

☐ The length of a Sprint.

Die Dauer für die Sprints wird durch den Product Owner festgelegt. Die Länge der Sprints wird für die Dauer des Projekts konstant gehalten. Damit kann der Product Owner eine Planung und

Vorhersage für das Produkt machen. Die Entscheidung der Dauer für den Sprint richtet sich danach, wie lange der Product Owner warten kann, um eine Änderung im Produkt anzustoßen. Es ist also eine Frage des Risikos. Die maximale Dauer eines Sprints beträgt ein Monat, also 4 Wochen.

□ How to order the Product Backlog.

Das Product Backlog gehört dem Product Owner. Die Stakeholder und das Scrum Team können Vorschläge und Ideen zum Produkt einbringen. Aber der Product Owner entscheidet darüber, ob diese in den Product Backklog aufgenommen werden und welche Priorität die Backlog Items haben werden.

4. Each Development Team should have:

□ A Lead Developer and eight or fewer members.

Das Development Team organisiert sich selbst. Es besteht aus drei bis neun Entwicklern. Damit wird eine optimale Kommunikation und Koordination untereinander ermöglicht. Alle Entwickler sind gleichberechtigt. Es gibt keinen Gruppenleiter oder Chefentwickler. Alle im Team sind gemeinsam für die Umsetzung des Sprint Goals verantwortlich und liefern auch gemeinsam das Ergebnis eines Sprints im Sprint Review ab.

✔ The abilities and skills necessary to produce a Done Increment in a Sprint.

Das Development Team muss alle notwendigen Fähigkeiten vereinen, um die geforderten Arbeiten im Sprint umsetzen zu können. Das wird durch ein funktionsübergreifendes Team erreicht. Das bedeutet, dass die notwendigen Disziplinen, Kenntnisse und Erfahrungen im Development Team vorhanden sind, nicht unbedingt in jedem einzelnen Mitglied. Was benötigt wird, bestimmt sich durch die Anforderungen an das Produkt und an die Umsetzung.

□ At least one person from each of the major software engineering disciplines (such as QA, Dev UX)

Funktionsübergreifende Teams vereinen verschiedene Fähigkeiten. Dabei sind nicht alle Fähigkeiten in einer Person gebündelt, sondern gerade die Zusammenstellung von verschiedenen Experten ergibt das gebündelte Fachwissen. Das Development Team muss alle notwendigen Fähigkeiten mitbringen, um das Produkt umsetzen zu können. Es gibt keine feste Anforderung an die Entwickler oder an das Development Team. Die Anforderungen der Fähigkeiten bestimmen sich durch das Produkt und die Umsetzung und können damit auch stark von anderen Scrum Teams abweichen.

5. For which of the following is the Development Team accountable?

✔ Arranging the work necessary to meet the Sprint Goal

Das Development Team ist für die Umsetzung der Sprint Backlog Items verantwortlich. Als selbst organisiertes Team, plant es die entsprechende Umsetzung selbständig. Mit dem Sprint Goal vor Augen werden die notwendigen Arbeiten zusammengestellt und durch das Team abgearbeitet.

□ Reporting productivity

Da das Development Team das Vertrauen genießt, müssen keine zusätzlichen Reports verfasst werden, um das Team zu kontrollieren. Das würde nur kontraproduktiv wirken. Somit wird auch nicht die Produktivität selbst berichtet, sondern das Ergebnis. Die Velocity (Geschwindigkeit) ermittelt sich durch die Burndown-Charts.

✔ Resolving conflicts that arise within the team

Probleme im Development Team werden im Team gemeinsam angegangen. Der Scrum Master kann mit Moderation und durch das Bereitstellen von benötigten Gesprächsmöglichkeiten das Team bei einer Lösung unterstützen.

□ Monitoring productivity

Durch die Transparenz im Scrum ist die eigentliche Berichterstattung der Arbeit selbst nicht notwendig. Die erbrachte Arbeit und die noch zu erbringenden Arbeiten werden im Sprint Backlog durch einen Burndown-Chart offen dargestellt. Die Produktivität eines Mitarbeiters wird so nicht überwacht, sondern das Gesamtergebnis eines Sprints. Also muss das Development Team seinen Fortschritt beobachten, damit das Sprint Goal innerhalb des Sprints erreicht wird.

Wie die eigentliche Umsetzung erfolgt, entscheidet somit das Development Team. Die Mitglieder sind die Experten und wissen am besten, welche Arbeiten notwendig sind und wie diese angegangen werden müssen, um das Sprint Goal zu erreichen. Ein Reporting untergräbt das Vertrauen in das Team. Dies kann zum Rückgang der Produktivität führen. Das Development Team arrangiert die notwendige Arbeit selbst.

□ Choosing the Product Owner

Der Product Owner wird durch das Management und Auftraggeber bestimmt. Er verantwortet das Produkt. Der Product Owner soll Wert und Nutzen des entstehenden Produktes maximieren. Das Development Team unterstützt den Product Owner dabei, indem es die ausgewählten Backlog Items im Sprint umsetzt.

6. Who decides how the work is organized during the Sprint?

□ Experts in the topic.

Das Development Team organisiert sich selbst. Es bestimmt selbst, wie die Arbeiten umgesetzt werden müssen. Dabei richtet es sich nach dem Sprint Goal. Das Development Team wird nicht von außen gesteuert. Ein von außen eingebrachtes System entzieht dem Development Team das Vertrauen. Die Leistung kann sinken, weil nach jedem einzelnen umgesetzten Task oder Backlog Item angehalten wird, um eine entsprechende Freigabe durch Vorgesetzte oder Experten zu erhalten. Die Überprüfung der Arbeit mit Scrum erfolgt im Sprint Review und bezieht sich auf die Umsetzung der vereinbarten Sprint Backlog Items. Der Scrum Master kann Maßnahmen ergreifen, um eine Optimierung der Entwicklung zu fördern. Er kann auch Vorgehen und Tools vorschlagen. Da er nicht mitentwickelt, kann er dies mit entsprechendem Abstand zur Umsetzung oft besser erkennen. Das Development Team muss diesen Vorschlägen aber zustimmen. Dies ist die Basis für Vertrauen und fördert die Produktivität.

□ Architects.

Es gibt keine Architektenrolle in Scrum. Ist der Architekt ein Mitglied vom Development Team, dann wird das Vorgehen im Development Team besprochen. Das Development Team hat keinen Leiter und organisiert sich selbst. Probleme in der Organisation können angesprochen werden. Der Scrum Master versucht dabei zu moderieren und Vorschläge für Lösungen und Hilfen zu unterbreiten. In der Sprint Retrospective werden Optimierungen im Ablauf besprochen. Dort werden diese Probleme im Team als Team besprochen. Ohne Schuldzuweisungen wird versucht, eine Besserung für den nächsten Sprint zu erreichen.

✔ The Development Team.

Das Development Team organisiert sich selbst und verwaltet die Arbeiten im Sprint selbstständig. Das Team teilt die in den Sprint übernommenen Backlog Items in Arbeitsschritte ein. Diese Aufteilung und Planung übernimmt das Development Team in Eigenregie. Das Team weiß am besten, wie das Backlog Item realisiert werden muss. Das Development Team verfügt über alle notwendigen Fähigkeiten, die für die Umsetzung nötig sind. Der Product Owner vertraut darauf, dass die bestmögliche Arbeit geleistet wird.

□ The Scrum Master.

Der Scrum Master hat keine Gewalt über das Scrum Team oder über das Sprint Backlog. Im Sprint organisiert sich das Development Team selbst. Es plant die Umsetzung der Sprint Backlog Items in Tasks und passt auch das Vorgehen an. Das Daily Scrum hilft dem Development Team sich zu synchronisieren, so dass alle im Development Team wissen, wer was als nächstens angehen wird und was schon erledigt wurde. Ebenso werden die Entwickler über eventuelle Probleme und Hindernisse informiert.

□ The Manager of the Development Team.

Es gibt keinen Development-Team-Manager. Das Development Team besteht aus gleichberechtigten Entwicklern. Die Entscheidungen werden gemeinsam getroffen. Eine übergeordnete Instanz kann zum Stillstand oder zu starken Verzögerungen führen. Das Vertrauen spielt eine große Rolle im Scrum. Diese wird mit einem Development-Team-Manager entzogen. Dadurch sinkt die Produktivität.

7. Who should ensure that members of the Development Team are performing tasks during the Sprint?

□ The Project Manager.

Es gibt keinen Projektmanager im Scrum.

□ The Scrum Master.

Der Scrum Master schult alle Beteiligten im Scrum-Regelwerk. Er unterstützt Scrum-Bemühungen und organisiert auch einige Events. Aber der Scrum Master ist nicht Herr über das Development Team.

□ The Product Owner.

Der Product Owner vertraut darauf, dass das Development Team das Bestmögliche gibt. Weder kontrolliert er die Aufgaben der einzelnen Mitglieder, noch hat er in der Regel die Verantwortung als Teamleiter. Er kann sich voll auf seine eigentlichen Aufgaben konzentrieren. Sollten die Sprint Backlog Items nicht fertig gestellt worden sein, gibt ihm die Sprint Retrospective Gelegenheit, diese Problematik anzusprechen. Das Development Team gleicht einem Zulieferer.

✔ The Development Team.

Das Development Team organisiert sich selbst. Das Scrum Team vertraut darauf, dass das Development Team entsprechend alles Notwendige unternimmt, damit das Sprint Goal erreicht wird. Eine Überprüfung von außen erfolgt nur im Sprint Review und betrifft das erstellte Inkrement. Genau dieses Vertrauen fördert die Stärken im Team und erhöht die Produktivität.

8. Which of the following is a framework a Scrum Master would use to divide a group of 100 people into several Development Teams?

□ Formulate groups to work on different layers (such as databases, UI, etc.).

Die Entscheidung, ob es Teams für Produktbereiche oder Entwicklungsbereiche geben muss, sollte das Development Team treffen. Es kann dies besser beurteilen, denn dafür sind die Entwickler die Experten. Eine Aufteilung in verschiedene Schichten kann dazu führen, dass einige Teams keine Arbeit haben, da die Backlog Items eventuell diese Schichten nicht berühren. Besser ist es, Teams für alle Backlog Items zu gestalten. Das Development Team ist funktionsübergreifend aufgestellt und damit bereit, jedes Backlog Item umzusetzen.

□ Let the Product Owner choose.

Der Product Owner konzentriert sich auf die Schaffung von Produktnutzen und Produktwert. Durch den Wegfall der Kontrolle eines Development Teams steigert sich die Produktivität des Product Owners. Das Development Team blüht unter dem Vertrauen auf und steigert ebenso seine Leistung. Das Development Team besteht aus gleichberechtigten Mitgliedern und hat keinen direkten Teamleiter.

□ Request that the Product Owner create the teams.

Dem Product Owner fehlt oft die Fähigkeit für die richtige Einschätzung der entsprechenden Qualitäten der Entwickler. So besteht die Gefahr, dass kein funktionsübergreifendes Development Team geschaffen werden kann. Im Zuge dessen entstehen eventuell Verzögerungen und unnötige Komplikationen und damit Risiken für das Projekt.

✔ Have the developers divide themselves into teams; allow the Development Team to decide.

Das Development Team fungiert wie eine kleine Firma im Team. Es übernimmt die Arbeiten und setzt diese eigenständig um. Das Development Team organisiert sich selbst. Der Product Owner ist nicht der Teamleiter des Development Teams. Auch der Scrum

Master ist nicht der Vorgesetzte vom Development Team. Das Development Team arbeitet selbstständig an den Aufgaben im Sprint Backlog.

Es verpflichtet sich dazu, die Aufgaben umzusetzen. Es bedarf keiner Überwachung von außen. Dieses Vertrauen fördert die Produktivität. Die Kontrolle wird nur über die umgesetzten Backlog Items gehalten. Dies erfolgt im Sprint Review. Oft fehlt dem Scrum Master und dem Product Owner auch das notwendige Wissen, welcher Entwickler an welchem Teil am besten arbeiten kann. Der Product Owner kümmert sich um das Produkt und versucht den Wert zu erhöhen. Er kann sich somit auf seine Arbeit konzentrieren und weiß, dass das Development Team sein Bestes geben wird. Das Development Team kann also besser entscheiden, wie die Teams zusammengestellt werden sollten.

✔ Allow the Development Team to decide

Die eigene Aufteilung gehört zu selbstorganisierten Teams. Es obliegt deren Verantwortung später die Backlog Items umsetzen zu können.

9. Select duties of a self-organizing Development Team.

✔ Perform the work planned in the Sprint Backlog.

Das Development Team setzt die Product Backlog Items um. Dazu plant das Development Team die Umsetzung in Tasks und arbeitet diese selbstständig ab.

✔ Speed up.

Die Entwickler sind bemüht, den Durchsatz der geleisteten Arbeit zu erhöhen. Dies geschieht einmal durch bessere Kenntnisse und Erfahrung im Laufe der Entwicklung und zum anderen durch Optimierung des Ablaufs sowie Art und Weise der Entwicklung.

□ Present stakeholders with information about progress made daily.

Die Stakeholder erhalten keinen Report durch das Development Team. Das Development Team ist selbst organisierend und verfügt über das Vertrauen des Product Owners, die bestmögliche

Arbeit zu leiten, um die geforderten Sprint Backlog Items umzusetzen. Ein Report untergräbt das Vertrauen und reduziert die Produktivität des Development Teams.

☐ Add Product Backlog Items to the Sprint.

Der Product Owner bestimmt, welche Product Backlog Items als nächste bearbeitet werden. Damit wird er seiner Verantwortung gerecht, den höchsten Produktnutzen je Sprint zu erstellen. Das Development Team kann sich keine Product Backlog Items aussuchen. Sollte das Team alle Sprint Backlog Items abgearbeitet haben und noch Kapazitäten übrig haben, kann es in Absprache mit dem Product Owner weitere Backlog Items umsetzen.

☐ Reorganize the Product Backlog.

Das Product Backlog gehört dem Product Owner. Nur der Product Owner darf die Backlog Items im Product Backlog sortieren. So steuert er den Produktwert und Nutzen. Die Items mit der höchsten Priorität werden als Nächstes umgesetzt.

10. The Development Team should possess all the qualifications required to:

✔ Turn Product Backlog Items into a functional Increment that can be released.

Durch das funktionsübergreifende Development Team soll sichergestellt werden, dass alle notwendigen Arbeiten durch das Development Team erledigt werden können. Fehlen die Kenntnisse oder Fähigkeiten, werden weitere oder andere Entwickler benötigt. Die Entwickler müssen in der Lage sein, die Backlog Items umzusetzen und das Inkrement innerhalb des Sprints zu liefern.

☐ Do all of the development, but not the testing that requires specific roles, tools, or conditions.

Das Development Team muss über alle Fähigkeiten verfügen, die Arbeiten zu erledigen. Auch wenn es Development Team heißt, ist das Team nicht auf reine Software-Entwickler beschränkt. Sollte für knifflige Situationen oder besondere Umstände die Hilfe eines Experten benötigt werden, dann kann das Development Team sich entsprechende Hilfe organisieren. Jedoch sollte die Hauptarbeit durch das Development Team gemacht werden. Wenn die externen Spezialisten einen großen Teil der Arbeit umsetzen, ist eventuell das Development Team nicht entsprechend gut genug geeignet. Schulungen, Weiterbildung und Ähnliches könnten hier, durch den Scrum Master veranlasst, helfen.

□ Finish the project within the timeframe and budget determined by the Product Owner.

Schätzungen der Backlog Items werden nur durch das Development Team gemacht. Dennoch sind es weiterhin nur Schätzungen. Eine Abweichung kann vorkommen. Mit der Zeit spielt sich das Development Team ein und kennt die Besonderheiten im Projekt. Die Schätzungen werden genauer. Diese Schätzungen der einzelnen Backlog Items nimmt der Product Owner für seine Release-Planung vor. Das Development Team übernimmt eine gewisse Menge an Arbeit, in Form von Product Backlog Items, in den Sprint. Dennoch soll das Development Team bei einer Überschätzung der möglichen Backlog Items nicht mehr arbeiten müssen, als die Timebox des Sprints vorsieht. Ansonsten sind zuverlässige Vorhersagen nicht mehr möglich, da die Geschwindigkeit nicht korrekt ermittelt werden kann.

11. Which of the following describes a cross-functional Development Team?

□ The Development Team is made up of developers, business analysts and testers.

Diese Antwort ist aufgrund der Auflistung der Berufsgruppen falsch. Die Liste der genannten Berufe ist nicht offen formuliert, so dass sie wie eine Einschränkung wirkt. Deshalb ist die Antwort falsch. Das Development Team kann aus allen möglichen Berufen zusammengestellt werden. Funktionsübergreifende Teams bestehen aus Mitgliedern mit unterschiedlichen Fähigkeiten und Kenntnissen aus verschiedenen Disziplinen. Das Team braucht mindestens soviel gemeinsames Wissen, wie für die Erstellung des Product Increments benötigt wird. Obwohl es Development Team heißt, ist es nicht auf Software-Entwickler beschränkt.

□ Developers collaborate with business analysts, architects, developers and testers who do not form part of the team.

Diese falsche Antwort erkennt man am Satzende. Es ist kein Team. Das Hinzufügen von Experten für spezielle Aufgaben ist grundsätzlich erlaubt und wird gefördert. Doch sind diese Externen nicht Bestandteil eines funktionsübergreifenden Development Teams, sondern ein Zukaufen von Komponenten.

✔ The Development Team includes individuals with many different skills who are able to collaborate and deliver an Increment of software.

Das Development Team besteht aus einzelnen Mitgliedern, die jeweils die benötigten Fähigkeiten mitbringen, um das Sprint Goal zu erreichen. Der einzelne Entwickler selbst muss nicht alle Fähigkeiten in sich vereinigen. Das Team ist damit in der Lage, alle notwendigen Aufgaben umzusetzen, die für das Abarbeiten der Sprint Backlog Items nötig sind.

□ The Development Team is a virtual group of individuals from separate teams and includes business analysts, architects, developers and testers.

Das klingt eher nach einem „Delphi-Orakel". Diese Zusammenstellung ist kein Development Team. Die genannten Spezialisten sind eher als externe Berater anzusehen. Damit sind die Experten-Teams in der Gesamtheit funktionsübergreifend, aber eben nicht das Development Team selbst. Und genau das sieht Scrum vor. Das Development Team soll funktionsübergreifend aufgestellt sein, damit es alle benötigten Fähigkeiten vereint, um das Sprint Goal zu erreichen.

12. When should Development Team members change?

□ At each Sprint, in order to encourage the sharing of knowledge.

Während des Sprints schult das Development Team sich untereinander. Das Team ist selbst organisierend und damit auch für gegenseitige Ausbildung verantwortlich. Das reduziert das Risiko des Nichterreichens des Sprintziels bei einen Ausfall von Teammitgliedern und erhöht die Produktivität. Das Team ist also selbst daran interessiert. Die Daily Scrums sind dabei ein wichtiger Bestandteil, ebenso wie die Sprint Retrospective am Ende des Sprints. Es ist also nicht nötig, ein Team aus Gründen des „Shared-Learnings" nach jedem Sprint auszutauschen. Im Gegenteil, ein stetiger Wechsel bringt Unruhe in das Team und die Performance kann sinken.

✔ As necessary, while accounting for the possibility of a short-term drop in productivity.

Sollten veränderte Umstände eine Anpassung vom Development Team erfordern, ist diese auch in Scrum erlaubt. Ein neues Team spielt sich nach einiger Zeit ein und erhöht damit auch die Produktivität. Wenn man das Development Team auf Grund der neuen Umstände anpassen muss, ist mit einem kurzfristigen Performance-Einbruch zu rechnen. Neue Mitglieder müssen sich erst zurechtfinden. Die Kommunikation untereinander wird erneut erlernt und aufgebaut. Das kostet zusätzlich Zeit, die für die Entwicklung fehlt.

□ Never, because it decreases productivity.

Die Produktivität wird kurzfristig reduziert. Doch kann es durchaus sinnvoll sein, das Team mit anderen Mitgliedern zu versehen, wenn neue Anforderungen dies erfordern. Neue Produktfeatures könnten verschiedene Fähigkeiten erfordern, die im aktuellen Development Team fehlen. Teammitglieder können auch ausfallen oder auf andere Projekte abgezogen werden. Diese Veränderungen dürfen den Ablauf der Entwicklung nicht unterbrechen.

□ Just as it would on any Development Team, without regard for variations in productivity.

Wenn die Anforderungen es erfordern, müssen auch Development Teams angepasst werden.

13. Who is responsible for estimating work during a Sprint?

□ The Scrum Master.

Der Scrum Master wird nicht die Arbeit umsetzen. Deswegen kann er auch die Schätzung des Arbeitsaufwands nicht leisten.

□ The Product Owner.

Der Product Owner kann die Arbeit nicht einschätzen. Nur das Development Team, welches auch die Arbeit erledigen wird, kann diese einschätzen.

✔ The Development Team.

Das Development Team ist immer als Ganzes verantwortlich. Schätzungen dürfen nur von denjenigen gemacht werden, die auch die Arbeit umsetzen werden. Deswegen sollte nur das Development Team den Aufwand der Backlog Items schätzen.

□ The least experienced member of the team.

Im Scrum gibt es nur „Entwickler" und keine weiteren Unterteilungen. Im Development Team sind alle Mitglieder gleichberechtigt.

14. When should Development Team members offer to own a Sprint Backlog item?

□ During the Sprint planning meeting.

Die Verantwortung für das Sprint Backlog liegt beim Development Team. Die Verantwortung besteht den kompletten Sprint über.

□ When a team member is able to take on more work.

Alle Sprint Backlog Items gehören allen Mitgliedern des Development Teams. Das gesamte Team steht in der Verantwortung, unabhängig davon, ob ein Mitglied kurzfristig mehr Arbeit leisten kann.

□ During the Daily Scrum.

Die Verantwortung für den Sprint Backlog obliegt dem gesamten Development Team und zwar zu jeder Zeit im Projekt.

✔ Never. The entire Development Team is responsible for all Sprint Backlog Items, even though an individual could complete an item.

Das gesamte Development Team ist für das Erreichen des Sprint Goals verantwortlich. Das Sprint Backlog gehört dem ganzen Development Team. Deshalb kann auch nicht ein Einzelner als Verantwortlicher gelten. Selbst wenn nur ein einzelner Entwickler an einer Tätigkeit gearbeitet hat. Darum sind die Daily Scrums für die Synchronisierung so wichtig.

15. How much should the Development Team work on a Product Backlog item it chooses for a Sprint?

□ As much as it can in a given Sprint.

Das Development Team verpflichtet sich auf die Sprint Backlog Items. Es kann vorkommen, dass das Development Team früher fertig wird. In diesem Fall können weitere Product Backlog Items übernommen werden. Dazu berät sich das Development Team mit dem Product Owner. Sollte die Sprintdauer nicht ausreichen, um alle Sprint Backlog Items umzusetzen, dann landen die nicht umgesetzten Items wieder im Product Backlog. Der Sprint ist in der Timebox gefangen und endet automatisch, egal wie viele Items noch übrig sind. Dieser neue Grad an möglichen Items kann vielmehr als neuer Messwert genutzt werden. Beim nächsten Sprint wird die vereinbarte Menge an Items für den Sprint realistischer.

□ The best it can since it is generally impossible for QA to complete the testing required to demonstrate deliverability.

Das Testen des Produkts gehört zu den Arbeiten des Development Team. Die dazu nötige Zeit wird in der Schätzung berücksichtigt. Das Ziel ist, ein potenziell auslieferbares Product Increment mit jedem Sprint zu schaffen.

✔ As much as it will be completed for each Product Backlog item according to the definition of done.

Das Development Team verpflichtet sich zum Umsetzen der ausgewählten Backlog Items. Die Schätzung wird ebenfalls durch das Development Team vorgenommen, damit kann es entscheiden, wie viele Items für den Sprint möglich sind.

□ Evaluation, design, developing, testing, and documentation.

Scrum sieht keinen Prozess für die eigentliche Entwicklungsarbeit vor. Das Development Team muss alle Arbeiten erledigen, welche nötig sind, um das Sprint Goal zu erreichen. Damit erzeugt es ein potenziell auslieferbares Product Increment. Welche konkreten Arbeiten nötig sind, hängt vom Produkt und der „Definition of Done" ab.

16. When the CEO asks the Development Team to add a critical item to the Sprint, what should they do?

✔ Notify the Product Owner so she can talk to the CEO.

Das Development Team schätzt die Backlog Items und verpflichtet sich auf die Umsetzung einer bestimmten Menge an Items. Nach einigen Sprints pendelt sich die mögliche umsetzbare Arbeitsmenge ein. Das ermöglicht eine Release-Planung. Der Product Owner ist nun in der Lage, eine Schätzung für das Erreichen bestimmter Meilensteine zu erstellen. Störungen von außen reduzieren die Produktivität des Teams. Eine richtige Vorhersage über die erreichten Teilproduktziele wird somit nicht mehr möglich. Das Development Team könnte verleitet werden, einen Puffer in die Planung einzubauen. Items, die von außen, also nicht vom Scrum Team kommen, stören die Planung des Product Owners. Die Erreichung des geplanten Produktnutzens wird gefährdet. Da der Product Owner die Planung im Blick hat, sollten alle neuen Anforderungen an das Produkt nur über den Product Owner in das Product Backlog einfließen. Er muss über neue Anforderungen informiert sein. Eventuell müssen nämlich andere Backlog Einträge erheblich angepasst werden.

Um eine hohe Produktivität des Development Teams zu gewährleisten, plant das Team auch selbst die Umsetzung der Sprint Backlog Items. Ein Item, welches später im Sprint eingeworfen wird, könnte die Erreichung des aktuellen Sprint Goals gefährden und eine Umplanung erfordern. Die erneute Planung für unvorhergesehene Items kostet Zeit und verhindert eventuell die Umsetzung anderer Items aus dem Sprint Backlog.

Der Product Owner priorisiert seine Product Backlog Items nach dem höchsten Produktnutzen. In dieser Reihenfolge werden die Items für den Sprint ausgewählt. Das Sprint Goal sollte nicht durch Anpassungen oder geänderte Anforderungen gefährdet werden. Es dürfen keine Änderungen am Sprint Backlog aufgezwungen werden. Es dürfen keine Änderungen am Product Backlog aufgezwungen werden.

Eine Einmischung von außen stört das Vertrauen in den Product Owner. Die Stärke von Scrum beruht, neben dem Timeboxing, auch auf Vertrauen. Das Vertrauen ist für alle Rollen wichtig. Wenn das Development Team nicht darauf vertrauen kann, dass die ausgewählten Items richtig sind, wird es in der Umsetzung gestört. Unnötige Rückfragen, vorbei am Product Owner, verzögern. Andere zwischenmenschliche Probleme können das gesamte Produkt gefährden. Das Team gerät in Gefahr, sich zu destabilisieren.

□ Add the item to the Sprint without making any other changes.

Das Einbringen von neuen umzusetzenden Items in das Sprint Backlog, kann das Sprint Goal gefährden. Das Development Team verantwortet das Sprint Backlog und hat sich mit dem Sprint Goal darauf verpflichtet. Neue Backlog Items beeinflussen das ganze Produkt und damit andere noch offene Product Backlog Items. Der Product Owner muss davon erfahren. Nur der Product Owner ist für die Erreichung der gesteckten Produktziele und für den Produktnutzen verantwortlich. Einträge, die von aussen in das Backlog gelangen, können zu Inkonsistenz oder Verzögerungen führen.

□ Add the item to the current Sprint and take away an item of similar size.

Auch wenn die umzusetzende Menge an Backlog Items durch einen Austausch ausgeglichen wirkt, muss das nicht für das Sprint Goal gelten. Da der Product Owner die Items nach dem höchsten Produktnutzen bestimmt hat, muss dieser erst prüfen, ob die neuen Items zum Produktziel und Sprint Goal passen.

□ Put the item on the next Sprint.

Der nächste Sprint Backlog wird erst im nächsten Sprint Planning bestimmt. Im Sprint Planning werden die Product Backlog Items ausgewählt, welche im Sprint umgesetzt werden sollen. Items im Product Backlog werden durch den Product Owner festgelegt. Das Item mit neuen Produktanforderungen sollte dem Product Owner vorgelegt werden. Dieser muss entscheiden, ob die neuen Items in das Product Backlog aufgenommen werden. Nach der Aufnahme entscheidet der Product Owner über die Priorisierung der neuen Product Backlog Items, denn er hat den höchsten Produktnutzen im Auge. Der Produktnutzen wird durch verschiedene Faktoren bestimmt, welche sich durch Änderungen im Markt und bei den Kunden stetig ändern können. Der Product Owner trägt diesen Umständen Rechnung und evaluiert ständig sein Product Backlog.

17. The Development Team should possess all the abilities required to:

☐ Complete the project as expected according to the timeline and budget.

Die Backlog Items werden auf Grund ihrer Einschätzung in den Sprint übernommen. Sollte diese Schätzung zu niedrig gewesen sein, können entsprechend weniger Items im Sprint umgesetzt werden. Wenn die Schätzung zu niedrig ist, kann der Product Owner bereits weitere Einträge aus dem Product Backlog anbieten. Gerade am Anfang sind die Schätzungen von Backlog Items grober. Mit den fortschreitenden Sprints werden die Schätzungen der Backlog Items besser. Das Development Team kennt das Produkt besser und die Anforderungen können besser eingeordnet werden.

✔ Convert the Product Backlog items it chooses into an Increment of shippable product functionality.

Das Development Team sollte alle Eigenschaften besitzen, um das Product Increment zu erstellen. Dabei muss nicht jeder Entwickler alle benötigten Fähigkeiten besitzen. Das Team selbst muss funktionsübergreifend sein.

☐ Perform all of the development, but not the testing that necessitates particular testing, tools, and conditions.

Das Testen gehört zur Entwicklungsarbeit. Wenn der Status „Done" umfangreiche zusätzliche Tests erfordert, dann müssen diese Tests beim Schätzen der Backlog Items durch das Development Team berücksichtigt werden. Das Development Team ist verantwortlich dafür, dass alle notwendigen Arbeiten für die Erreichung des Sprint Goals erledigt werden.

18. What are two good opportunities for the development team to make non-functional requirements visible?

□ Add them to the Product Backlog and inform the Product Owner about the expected effort.

Das Development Team kann keine Product Backlog Items hinzufügen. Das macht der Product Owner. Das Development Team kann den Product Owner darauf hinweisen, dass die Schätzungen nun auch die nicht-funktionellen Anforderungen berücksichtigen werden.

□ Test before the end of the sprint and transfer the still to be made tasks from the Sprint Backlog to the next Sprint.

Tests für nicht-funktionelle Anforderungen sind schwierig und oft mit einem großen Spielraum versehen. Welche Aufgaben vom Sprint Backlog in den nächsten Sprint übernommen werden, bestimmt der Product Owner. Übriggebliebene Aufgaben wandern zurück in das Product Backlog.

✔ Use a separate list on the Scrum board, so for all to see

✔ Add them to the definition of "Done" so it can be considered for the work of every Sprint.

Nicht-funktionelle Anforderungen sind sehr schwer zu erfassen. Es ist schwer einzuschätzen, was „sportlich" oder „schnell" bedeutet. Diese Anforderungen sollten in einer eigenen Liste erfasst werden, damit jeder diese nicht-funktionellen Anforderungen kennt und sie auch berücksichtigt. Diese Anforderungen können in die „Definition of Done" aufgenommen werden.

19. What is the responsibility of the testers within the Development Team?

□ Verifying the finished Backlog Items

Das Prüfen der fertig gestellten Backlog Items obliegt dem kompletten Team. Je nach Organisation kann es diese Arbeit auch an ein anderes Team geben. Dies geschieht aber außerhalb des Scrum Teams und Ablauf. Dann ist dies eine nachgelagerte Aktion auf das Product Increment.

□ Searching bugs.

Scrum kennt keine dedizierte Tester-Rolle. Vielmehr sind alle im Team für die Qualität verantwortlich. Das Suchen und Finden von Fehlern gehört zur Entwicklungsarbeit dazu. Die fertig gestellten Backlog Items werden im Sprint Review vorgestellt.

✔ Scrum has not "tester" role.

✔ The complete Development Team takes care about quality.

Alle Development-Team-Mitglieder verantworten die Qualität des Produkts. Dazu gehören auch die notwendigen Tests. Somit gibt es keine dedizierte Tester-Rolle. Vielmehr gehört das Wissen über Tests auch zur Transparenz im Team.

□ Ensure the quality by tracking quality metrics

Scrum kennt keine Tester-Rolle. Das Team als Ganzes verantwortet die Qualität. Das Erstellen von Kriterien für das Testen kann in der Sprint Retrospective erfolgen. Die notwendigen Kriterien und Mindestanforderungen an die Tests können in der „Definition of Done" festgehalten werden. Damit wird eine völlige Transparenz erreicht und jeder weiß, was und wie getestet wird.

Rolle: Product Owner

Kurzbeschreibung

- Ist eine einzelne Person.
- Formuliert ein Produktziel.
- Formuliert klar verständliche Product Backlog Items.
- Priorisiert die Product Backlog Items, um eine optimale Erreichung der Produktziele zu unterstützen.
- Hält das Product Backlog transparent.
- Übermittelt die nächsten anstehenden Arbeiten an das Scrum Team.
- Optimiert den Wert der Arbeit vom Development Team durch die richtige Auswahl und Reihenfolge der für den Sprint umzusetzenden Product Backlog Items.
- Sorgt dafür, dass das Development Team die Product Backlog Items im erforderlichen Ausmaß versteht.

Der Product Owner darf nur eine einzelne Person sein. Der Product Owner ist **kein** Komitee und **keine** Gruppe von gleichberechtigten Personen.

Der Product Owner optimiert den Wert des Produkts. Dazu priorisiert der Product Owner die umzusetzenden Produktanforderungen, welche er als Backlog Items erstellt. Die Art und Weise, wie die Priorisierung erfolgt, hängt vom Projekt, Auftraggeber und anderen Faktoren ab.

Die Priorisierung ist also dem Product Owner überlassen. Er alleine entscheidet, welche Produktmerkmale als Nächstes umgesetzt werden müssen, damit sein Produktauftrag nicht gefährdet wird. Er kann dabei den Rat der anderen Scrum-Team-Mitglieder oder anderen Personen einholen. Die endgültige Entscheidung liegt aber beim Product Owner.

Der Product Owner verantwortet

- Die Entwicklung und die klare Kommunikation eines Product Goals.
- Die Reihenfolge der Umsetzung von Product Backlog Items.
- Den Liefertermin und den Leistungsumfang des Produkts.
- Den wirtschaftlichen Erfolg des Produktes.
- Die Kommunikation zu den Stakeholdern.
- Die Interessen, Wünsche und Bedürfnisse der Kunden.

Die Anpassunge des Scrum Guides im Jahr 2020 hat neu das Product Goal eingeführt. Der Product Owner hat nun auch die Pflicht sich über das übergeordnete Product Goal im Klaren zu sein und dieses auch klar zu kommunizieren. Dies isst im klassischen Projektmanagement oft durch die Project Charter erfolgt. Das Product Goal lenkt als übergeordnetes Ziel die Entwicklung und den Fortschritt im Scrum Projekt.

Der Product Owner besitzt das Product Backlog. Im Product Backlog werden die umzusetzenden Produktmerkmale festgehalten. Diese Produktmerkmale werden in Backlog Items erfasst. Dabei können keine Backlog Items nebeneinander stehen, es gibt immer eine Reihenfolge. Die Priorisierung der Backlog Items obliegt dem Product Owner.

Aufgaben des Product Owners

- Gestaltung der Produktvision
- Definition der Produktmerkmale und der Leistungen
- Ordnen der umzusetzenden Product Backlog Items
- Anpassungen der Backlog Items und deren Reihenfolge
- Überprüfung des Product Increments
- Abnahme der Sprintergebnisse (Sprint Backlog Items „Done")
- Kommunikation der Fortschritte und des aktuellen Status an die Stakeholder

Diese Pflichten kann der Product Owner selbst erledigen oder diese ans Development Team delegieren. Jedoch ist nur der Product Owner im vollen Umfang für das Produkt verantwortlich und kann zur Rechenschaft gezogen werden.

Der Product Owner sorgt dafür, dass Anforderungen und Wünsche an das Produkt von Komitees und anderen durch entsprechende Product Backlog Items repräsentiert werden. Jedoch darf nur der Prodcut Owner die Product Backlog Items anpassen oder anpassen lassen.

Die gesamte Organisation muss seine Entscheidungen respektieren. Nur so kann der Product Owner erfolgreich sein. Die Organisation, der Auftraggeber und das Management müssen ihm vertrauen. Seine Entscheidungen sind im Product Backlog sichtbar. Das Development Team darf nur nach Angaben des Product Owners arbeiten. Das bedeutet, die Anforderungen an Backlog Items kommen vom Product Owner.

Der Product Owner nimmt im Sprint Review die umgesetzten Backlog Items ab. Nicht umgesetzte Sprint Backlog Items landen wieder auf dem Product Backlog. Nur der Product Owner entscheidet, ob das erstellte Product Increment veröffentlicht wird. Er entscheidet auch wann das Product Increment ausgeliefert wird.

Quiz

Fragen

1. **Who should be most knowledgeable about the progress made toward a business goal or release?**

- ☐ The Project Manager.
- ☐ The Product Owner.
- ☐ The Scrum Master.
- ☐ The Development Team.

2. **Which description best fits a Product Owner?**

- ☐ Someone who enhances value.
- ☐ Someone who manages a team.
- ☐ Someone who engineers requirements.
- ☐ A person who acts as a liaison between the development team and the customer.

3. **Which of the following roles is responsible for engaging stakeholders?**

- ☐ The Team Manager.
- ☐ The Development Team.
- ☐ The Project Manager.
- ☐ The Product Owner.
- ☐ The Business Analyst.

4. **The Product Owner is responsible for releasing each Increment into production...**

- ☐ when the product contains no defects.
- ☐ always.
- ☐ when it makes sense for him/her to do so.

- ☐ in order to guarantee that the Development Team is done with each Sprint.

5. Why should a Product Owner attend the Daily Scrum?

- ☐ To learn about about functionality hurdles.
- ☐ To share the point-of-view of the stakeholders.
- ☒ To contribute as a member of the Scrum Team.
- ☒ It is not necessary for the Product Owner to be present.

6. Which should a Product Owner do in the time between the end of the current Sprint and the beginning of the next one?

- ☐ Work with the Quality Assurance Department on the current Sprints increment.
- ☒ Nothing. Sprints begin immediately after the previous Sprint ends.
- ☐ Update the project plan with the stakeholders.
- ☐ Work on the Product Backlog.

7. Which of the following activities does the Product Owner perform during a Sprint?

- ☐ Prioritizing the Development Teams Sprint Backlog.
- ☐ Running the Daily Scrum.
- ☒ Bringing the Sprint burndown chart up-to-date.
- ☒ Answering questions from the Development Team about the current Sprint. Working with the stakeholders.

8. Which role makes final decisions regarding the order of the Product Backlog?

- ☒ The Product Owner.
- ☐ The Stakeholder.
- ☐ The CEO.
- ☐ The Scrum Master.
- ☐ The Development Team.

9. Which is true about the Product Owner?

- ☐ He/she can be outvoted by a committee
- ☒ The Product Owner orders the Product Backlog
- ☒ The Product Owner is a single person.
- ☐ The role of the Product Owner can be filled a committee or a group of people.
- ☐ A group of people can share the role of Product Owner on a Scrum Team.

10. The Product Owner verifies whether or not the team has selected enough from the Product Backlog for a Sprint in order to satisfy the stakeholders.

- ☒ False
- ☐ True

11. A Scrum Team has worked on a product for nine Sprints. A new Product Owner joins with the understanding that she is responsible for the Product Backlog. However, she is not sure about her specific duties. According to Scrum, which activities form part of her role as Product Owner?

- ☐ Creating comprehensive functional test cases.
- ☒ Engaging the stakeholders.
- ☒ Making sure the most important functionality is always produced first and giving the Development Team thorough specifications.
- ☐ Relating features as use cases.

12. Which of the following is the best description of a Product Owners concern?

- ☐ Managing the Development Team.
- ☐ Directing the project and making sure the work meets the stakeholders requirements.
- ☐ Keeping stakeholders at a distance.
- ☒ Enhancing the value of the Development Teams work.

13. Additional Scrum Teams are added to the development of a product. The product was developed by only one Scrum Team. What will be the immediate effect on the productivity of the first Scrum Team?

- ☐ The productivity will likely increase.
- ☒ The productivity will likely decrease.

14. What guides the Scrum project, is developed by the product owner and should be clearly communicated?

- ☐ The Sprint Goal.
- ☒ The Product Goal.
- ☐ The Project Charter.
- ☒ The Product Backlog.

Lösungen

1. Who should be most knowledgeable about the progress made toward a business goal or release?

□ The Project Manager.

Es gibt keine Projektmanager in Scrum. Jeder Sprint ist wie ein eigenes kleines Projekt. Dabei bestimmt der Product Owner, welche Backlog Items wichtig sind und im Sprint umgesetzt werden sollen. Das Development Team setzt die notwendigen Arbeiten um. Diese Arbeiten werden durch das Development Team selbst geplant. Der Product Owner plant weiterhin den Wert und Nutzen des Produkts. Diese Produkteigenschaften werden durch entsprechende Product Backlog Items repräsentiert.

✔ The Product Owner.

Der Product Owner ist für das Produkt verantwortlich. Er bestimmt den weiteren Fortschritt des Produkts. Dazu legt der Product Owner fest, welche entsprechenden Backlog Items für den nächsten Sprint umgesetzt werden sollen. Er bereitet diese Product Backlog Items vor und präsentiert dem Development Team die Items im Sprint Planning. Während des Sprints arbeitet er weiter an den Backlog Items. Dazu passt er gegebenenfalls die Product Backlog Items an, um diese mit den aktuellen Gegebenheiten abzugleichen. Das Development Team setzt die notwendigen Arbeiten für die Erreichung des Sprint Goals um.

□ The Scrum Master.

Der Scrum Master sorgt dafür, dass alle Beteiligten den Scrum-Ablauf verstehen und die Scrum-Regeln eingehalten werden. Er hat jedoch keine Weisungsbefugnis. Das Development Team verwaltet sich selbst. Der Scrum Master ist nicht für das Produkt verantwortlich, sondern der Product Owner. Der Scrum Master trägt vielmehr dazu bei, dass die Umsetzung reibungsloser und besser vorankommt. Das bezieht sich auf Arbeitsmittel und Arbeitsweisen, anstatt auf Inhalte des Produkts.

□ The Development Team.

Das Development Team muss das Produkt verstehen. Den aktuellen Fortschritt des Gesamtprojekts behält es durch die Transparenz im Product Backlog. Der Product Owner hält das Product Backlog aktuell und öffentlich. Den Fortschritt über die Arbeit im aktuellen Sprint stellt das Development Team durch das Sprint Backlog sicher. Das Development Team setzt die übernommenen Sprint Backlog Items um. Es hat also den Fortschritt der aktuellen Arbeit im Blick, doch das Produkt selbst liegt in der Verantwortung des Product Owners. Dieser bestimmt auch, wann ein Product Increment veröffentlicht wird.

2. Which description best fits a Product Owner?

✔ Someone who enhances value.

Der Product Owner ist für das Produkt verantwortlich. Er optimiert den Nutzen und dessen Wert. Dazu priorisiert er die Product Backlog Items und lässt diese durch das Development Team umsetzen.

□ Someone who manages a team.

In Scrum gibt es keinen Team-Manager für das Development Team. Das Development Team organisiert sich selbst. Der Scrum Master und der Product Owner sind jeweils eine einzelne Person und organisieren sich ebenfalls selbst. Der Product Owner verfasst klare Product Backlog Items, trägt die Vision und entscheidet, welcher Wert und Nutzen das Produkt durch den kommenden Sprint erhalten wird.

□ Someone who engineers requirements.

Die Anforderungen werden durch den Product Owner erfasst, doch das Development Team kann für die Umsetzung weitere Anforderungen erbitten und berücksichtigen. Die Hauptaufgabe des Product Owners liegt in der Wertmaximierung des Produkts. Der Wert des Produkts soll mit jedem Sprint gesteigert werden. Das Erfassen von Anforderungen kann der Product Owner auch an das Development Team delegieren. Der Product Owner bleibt aber verantwortlich.

□ A person who acts as a liaison between the development team and the customer.

Scrum fördert die direkte Kommunikation zwischen den Kunden und dem Development Team. Der Product Owner ist für das Product Backlog zuständig. Dazu gehört auch das Erfassen von Anforderungen. Er kann diese Aufgabe auch an das Development Team delegieren. Damit gehen weniger wichtige Details verloren und die Entwickler können für die Umsetzung wichtige Eigenschaften direkt vom Kunden ermitteln, ohne dabei einen Umweg über den Product Owner nehmen zu müssen.

3. Which of the following roles is responsible for engaging stakeholders?

□ The Team Manager.

Im Scrum gibt es keinen Manager für das Team. Das Development Team organisiert sich selbst. Bei speziellen Fragen zu Produktanforderungen kann das Development Team auch direkt Kontakt mit den Nutzern und Stakeholdern aufnehmen. So lässt sich schneller und gezielter die entsprechende Umsetzung eines Backlog Items vornehmen. Dabei handelt es sich um klärende Fragen, die nicht durch den Product Owner selbst beantwortet werden konnten. Diese Fragen sollten keine Änderungen der übernommenen Backlog Items bewirken. Sonst ändert sich unter Umständen damit auch das Sprint Goal. Der Product Owner bleibt die maßgebende Instanz bei Fragen zu Änderungen am Produkt.

✔ The Development Team.

Jede Scrum Rolle ist verantwortlich dafür, die Stakeholder anzugehen und zwar direkt bezogen auf die eigenen Arbeiten. Das Development Team kann sich bei konkreten Detailfragen auch direkt an die Nutzer wenden. Dieser direkte Austausch ist ebenso gewünscht und entspricht auch dem Transparenz-Gedanken. Dabei geht es um Fragen zur Umsetzung von Sprint Backlog Items. Anpassungen an den Backlog Items erfolgen nur durch den Product Owner.

□ The Project Manager.

Scrum sieht die Rolle des Projektmanagers nicht vor. Vielmehr ist der Product Owner eine Art von Projektmanager. Jedoch liegt der Fokus auf dem Produkt. Die Umsetzung obliegt dem Development Team. Das Development Team setzt die Arbeiten eigenständig um.

✔ The Product Owner.

Jede Scrum Rolle ist verantwortlich dafür, die Stakeholder anzugehen und zwar direkt bezogen auf die eigenen Arbeiten. Der Product Owner ist für das Produkt verantwortlich. Er sorgt für den maximalen Nutzen des Produkts und erweitert diesen mit jedem Sprint. Damit er versteht, welche Anforderungen an das Produkt den maximalen Nutzen bringen. Muss der Product Owner Kontakt zu seinen Stakeholdern halten. So gewinnt er auch neue Erkenntnisse und Informationen, sollten sich die Gegebenheiten geändert haben. Er kann entsprechend angepassten Umständen eine Korrektur vornehmen und das Produkt wieder in die richtige Bahn lenken. Dies macht der Product Owner mit Backlog Items für den nächsten Sprint.

□ The Business Analyst.

Ein Business-Analyst ist im Scrum nicht vorgesehen. Je nach Projekt kann ein Entwickler der Business-Analyst sein oder durch den Product Owner verkörpert werden. Der Business-Analyst kontaktiert in der Regel die Nutzer des Produkts, um die entsprechenden Anforderungen zu ermitteln. Diese Anforderungen übermittelt der Business-Analyst dann dem Development Team. Damit entspricht der Business-Analyst der Rolle des Product Owners. Wobei der Product Owner mehr macht, als nur die Anforderungen zu ermitteln. Zusätzlich fungiert er noch als Produktmanager und verantwortet auch den Erfolg des Produkts.

4. The Product Owner is responsible for releasing each Increment into production...

□ when the product contains no defects.

Nur der Product Owner trifft die Entscheidung über die Veröffentlichung. Dabei muss er auch zusätzliche Aspekte berücksichtigen, wie Marketing und Nutzen einer sofortigen Veröffentlichung. Dies hält er in der Regel in einem Releaseplan vor.

☐ always.

Der Product Owner ist für das Produkt verantwortlich. Dazu gehört auch der Erfolg des Produkts auf dem Markt. Damit übernimmt er auch Entscheidungen bezüglich der Veröffentlichung.

✔ when it makes sense for him/her to do so.

Der Product Owner ist für Wert und Nutzen des Produkts verantwortlich. Er ist für den Release-Plan zuständig und er entscheidet, ob das Product Increment veröffentlicht wird. Bei seiner Entscheidung berücksichtigt er verschiedene Aspekte. Die Geschäftsführung vertraut darauf, dass er die richtige Entscheidung trifft.

☐ in order to guarantee that the Development Team is done with each Sprint.

Das Development Team wird nicht immer alles im Sprint erreichen können. Manchmal gibt es Fehleinschätzungen oder Unvorhersehbares, was dazu führt, dass einige Backlog Items nicht umgesetzt werden konnten. Der Product Owner vertraut darauf, dass das Development Team sein Bestes gegeben hat. Eine Veröffentlichung als Druckmittel gegenüber dem Development Team ist nicht sinnvoll und führt zu Unmut und sinkender Produktivität, außerdem beeinträchtigt es die Qualität. Der Product Owner ist für den Wert im Produkt verantwortlich und damit auch für den wirtschaftlichen Aspekt. Er veröffentlicht das Inkrement, wenn er es für sinnvoll erachtet.

5. Why should a Product Owner attend the Daily Scrum?

☐ To learn about about functionality hurdles.

Impediments werden vom Scrum Master aufgenommen und auch entsprechend behoben. Der Product Owner erfährt umgehend von wichtigen Problemen, die das Erreichen des Sprint Goals gefährden. Das gebietet schon das Transparenzgebot von Scrum. So kann der Product Owner gegebenenfalls mit Product Backlog Items dagegenhalten und die Risiken minimieren.

☐ To share the point-of-view of the stakeholders.

Die Ansichten der Stakeholder sind durch den Product Owner, in Form von Backlog Items, vertreten. Wie genau die Arbeit gemacht wird, entscheidet das Development Team selbst.

□ To contribute as a member of the Scrum Team.

Das Daily Scrum dient dem Development Team dazu, die nächsten Arbeitsschritte für die Erreichung des Sprint Goals zu koordinieren. Es ist ein Meeting für das Development Team. Der Product Owner ist nicht dabei.

Genauso wenig sind andere Stakeholder bei diesem Meeting anwesend. Das soll die Offenheit im Development Team fördern und verhindern, dass das Meeting zu einer Diskussionsrunde verkommt. Das Daily Scrum dient also nur der Synchronisierung des Development Teams und ist kein Statusmeeting für Projektbeteiligte.

✔ It is not necessary for the Product Owner to be present.

Das Daily Scrum ist ein Meeting für die Synchronisierung des Development Teams. Hier wird der nächste Entwicklungstag geplant. Die Mitglieder verständigen sich darüber, was umgesetzt wurde, was nun umgesetzt wird und welche Probleme es gab. Der Product Owner muss nicht dabei sein.

6. Which should a Product Owner do in the time between the end of the current Sprint and the beginning of the next one?

□ Work with the Quality Assurance Department on the current Sprints increment.

Die Qualität wird durch das Development Team im Sprint geschaffen. Der Product Owner steht dem Development Team ständig bereit, Fragen zu Anforderungen zu klären.

✔ Nothing. Sprints begin immediately after the previous Sprint ends.

Die Sprints sind nahtlos aneinandergereiht. Es kann also keine Aktivitäten zwischen den Sprints geben.

□ Update the project plan with the stakeholders.

Einen richtigen Projektplan gibt es nicht. Vielmehr erstellt und verändert der Product Owner sein Product Backlog ständig. Neue Anforderungen an geänderte Umstände werden sofort im Product Backlog transparent gemacht. Die Umsetzung erfolgt im Sprint. Der Sprint ist wie ein kleines Projekt mit Planungsphase, Umsetzung, Abnahme und Abschluß mit den entsprechenden „Lessons Learned". Der Release-Plan wird ebenfalls durch den Product Owner angepasst.

□ Work on the Product Backlog.

Der Product Owner aktualisiert das Product Backlog ständig. So reagiert er auf Änderungen im Produktumfeld wie neue Technologie und geänderte Bedürfnisse der Kunden. Die Product Backlog Items werden mit dem Development Team in Refinement Meetings besprochen. Das Development Team ist für die Schätzung der Items zuständig. Das Refinement geschieht im Sprint und beansprucht nicht mehr als 10 % der Gesamtkapazität des Development Teams.

7. Which of the following activities does the Product Owner perform during a Sprint?

□ Prioritizing the Development Teams Sprint Backlog.

Das Sprint Backlog gehört dem Development Team. Das Development Team organisiert sich selbst. Der Product Owner vertraut darauf, dass das Development Team über alle Fähigkeiten verfügt, die notwendigen Arbeiten zu verrichten. Er weiß, dass das Development Team nicht durch ihn geführt wird, da es sich selbst verwaltet und die Arbeit selbst organisiert.

□ Running the Daily Scrum.

Das Daily Scrum dient zur täglichen Synchronisierung der Arbeit im Development Team. Der Scrum Master stellt sicher, dass das Daily Scrum abgehalten wird. Das Daily Scrum ist nur für das Development Team. Der Product Owner ist nicht dabei. Die Umsetzung der Sprint Backlog Items obliegt dem Development Team.

□ Bringing the Sprint burndown chart up-to-date.

Die verbleibende Arbeit in einem Sprint wird über den Burndown-Chart transparent gemacht. Der Sprint-Burndown-Chart wird im Daily Scrum aktualisiert. Der Sprint-Burndown-Chart gehört zum Sprint Backlog. Das Sprint Backlog gehört dem Development Team. Der Product Owner kümmert sich um den Burndown-Chart oder Burnup-Chart des Produkts.

✔ Answering questions from the Development Team about the current Sprint. Working with the stakeholders.

Der Product Owner verantwortet das Produkt und dessen Wert. Er vermittelt die Produktvision und erklärt Idee und Grund hinter den einzelnen Product Backlog Items. Damit das Development Team eine optimale Umsetzung der einzelnen Backlog Items erreichen kann, muss der Product Owner bereit sein, Detailfragen bezüglich der Sprint Backlog Items zu beantworten. Zwar ist der Product Owner verantwortlich für das Produkt, doch es sind oft die Stakeholder, welche den Nutzen und damit auch den Wert des Produkts bestimmen. Der Product Owner kümmert sich um die Stakeholder und übernimmt deren Wünsche und Anforderungen an das Produkt in das Product Backlog.

8. Which role makes final decisions regarding the order of the Product Backlog?

✔ The Product Owner.

Das Product Backlog enthält alle funktionellen Anforderungen an das Produkt. Das Product Backlog gehört dem Product Owner. Der Product Owner verantwortet den Nutzen und Wert des Produkts. Die obersten Backlog Items werden für den nächsten Sprint vorbereitet. Damit steuert der Product Owner den Wert des Product Increments. Nur der Product Owner bestimmt die Reihenfolge der Backlog Items. Das Produktnutzen liegt in seiner Verantwortung.

☐ The Stakeholder.

Die Stakeholder haben verschiedene Erwartungen und bringen wertvolles Feedback zum Produkt. Letztendlich muss aber der Product Owner entscheiden, welche der Product Backlog Items den maximalen Produktnutzen bringen. Der Product Owner entscheidet über die Reihenfolge des Product Backlogs. Ihm gehört das Product Backlog. Die Stakeholder können auf den Product Owner einwirken, doch muss der Product Owner die Entscheidung treffen.

□ The CEO.

Der CEO vertraut dem Product Owner. Er hat ihm die Verantwortung übertragen die richtigen Entscheidungen über Nutzen und Wert des Produkts zu treffen. Der Product Owner besitzt das Product Backlog. Er entscheidet die Reihenfolge und damit den ungefähren Zeitpunkt der Umsetzung und somit auch über den Nutzen des Produkt-Inkrements. Der CEO kann auf den Product Owner einwirken, doch muss der Product Owner die Entscheidung treffen.

□ The Scrum Master.

Der Scrum Master hat keine Befugnisse über das Produkt. Er schult und trainiert das Scrum Team. Er sorgt dafür, dass die Regeln und der Ablauf von Scrum eingehalten werden. Der Product Owner besitzt das Product Backlog und entscheidet als Einziger über die endgültige Reihenfolge der Backlog Items.

□ The Development Team.

Das Development Team setzt die Backlog Items aus dem Sprint Backlog um. Diese Items kommen aus dem Product Backlog. Der Product Owner bestimmt als Verantwortlicher für das Produkt, welche Product Backlog Items als nächste umgesetzt werden sollen.

9. Which is true about the Product Owner?

□ He/she can be outvoted by a committee

Der Product Owner genießt das Vertrauen des Unternehmens. Der Product Owner kann als nicht überstimmt werden. Sollte dies notwendig sein, dann wird dem Product Owner das Vertrauen entzogen und damit auch die Rolle. Der Product Owner kann aber den Wünschen eines Komitee entsprechen. Dazu wird der Product Owner entsprechend Backlog Items erstellen. Er bestimmt damit auch, wann diese umgesetzt werden. **Achtung bei ähnlicher Frage in der Prüfung:** *Der Wortlaut ist sehr entscheidend.*

✔ The Product Owner orders the Product Backlog

Der Produkt Owner besitzt das Product Backlog. Er alleine verantwortet den Nutzen und den Wert des Produkts. Damit bestimmt auch nur der Product Owner die Reihenfolge im Product Backlog.

✔ The Product Owner is a single person.

Der Product Owner darf nur eine Person sein. Diese Person kann durch ein Komitee beeinflusst werden.

□ The role of the Product Owner can be filled a committee or a group of people.

Es darf nur eine Person geben, die Product Owner ist. Damit werden Missverständnisse verhindert und die Anweisungen und Formulierungen eines Product Backlog Items sind verständlicher.

□ A group of people can share the role of Product Owner on a Scrum Team.

Es darf nur eine Person geben. Wenn mehrere Personen bestimmen wollen, wird eine Koordination erschwert und Missverständnisse führen zu einer sinkenden Produktivität.

Unter Umständen werden wichtige Entscheidungen stark verzögert und das Produkt kann nicht rechtzeitig fertig gestellt werden.

10. The Product Owner verifies whether or not the team has selected enough from the Product Backlog for a Sprint in order to satisfy the stakeholders.

✔ False

Das Development Team wählt so viele Product Backlog Items in den Sprint Backlog, wie es meint, innerhalb des Sprints umsetzen zu können. Der Product Owner wählt die Product Backlog Items mit dem höchsten Wert und Nutzen aus. Damit versucht er, mit jedem Sprint den höchsten Nutzen aus dem Produkt herausarbeiten zu lassen. Die Stakeholder können dem Product Owner Wünsche übermitteln, doch Entscheider für die Übernahme der Wünsche ist nur der Product Owner.

□ True

11. A Scrum Team has worked on a product for nine Sprints. A new Product Owner joins with the understanding that she is responsible for the Product Backlog. However, she is not sure about her specific duties. According to Scrum, which activities form part of her role as Product Owner?

□ Creating comprehensive functional test cases.

Der Product Owner wird das Inkrement anhand seiner Spezifikation und Akzeptanzkriterien prüfen. Dies geschieht als Benutzer des fertigen Product Increments. Das Testen von Funktionen obliegt dem Development Team im Rahmen der Entwicklungsarbeit. Dieser Testaufwand wird durch das Development Team auch in der Schätzung von Backlog Items mit einkalkuliert.

✔ Engaging the stakeholders.

Alle im Scrum Team können mit den Stakeholdern zusammen-arbeiten. Dies ist in Abhängigkeit der Rollen und Bedürfnisse unterschiedlich. Beispiele: Das Development Team kann mit der Zielgruppe zusammenarbeiten, um die Details der Implementierung besser zu bestimmen. Anforderungen an die Benutzbarkeit des Produkts könnten in Workshops oder durch kurze Gespräche mit allen Scrum-Team-Mitgliedern erörtert werden.

✔ Making sure the most important functionality is always produced first and giving the Development Team thorough specifications.

Der Product Owner verantwortet das Produkt. Er bestimmt mit der Bereitstellung von Product Backlog Items den Nutzen und Wert des zukünftigen Produkts. Dabei wählt er für jeden Sprint die Backlog Items aus, welche seiner Meinung nach den maximalen Produktwert liefern werden.

□ Relating features as use cases.

Use-Cases stellen ein gutes Mittel für das Verfassen von Backlog Items dar. Jedoch schreibt Scrum keine Tools für das Erstellen von Items vor. Wie die Product Backlog Items verfasst oder erstellt werden, wird dem Product Owner selbst überlassen. Obwohl Use-Cases hilfreich sind, könnte je nach Aufgabenstellung und Team auch nur ein Stichwort oder eine kurze Formulierung ausreichen.

12. Which of the following is the best description of a Product Owners concern?

□ Managing the Development Team.

Das Development Team verwaltet sich selbst. Die Selbstorganisation ist nur durch Vertrauen realisierbar. Das Vertrauen schafft den Freiraum für Höchstleistungen.

□ Directing the project and making sure the work meets the stakeholders requirements.

Die Stakeholder sind wichtige Auftraggeber und Impulsgeber für das Produkt, aber in Scrum verantwortet nur der Product Owner das Produkt. Er ist für das Ergebnis des Produkts verantwortlich. Er steuert, über das Product Backlog, die Produktwerte und den Zeitpunkt des Erreichens der Produktziele. Das Development Team verwaltet sich selbst. Der Product Owner verwaltet die Anforderungen an das Produkt und schafft Mehrwert durch entsprechende Backlog Items.

□ Keeping stakeholders at a distance.

Die Zusammenarbeit vom Development Team und Stakeholdern ist gewünscht. Wenn das Team bei der Arbeit stetig unterbrochen wird, kann der Scrum Master entsprechend eingreifen. Dazu kann er auch mit dem Product Owner zusammenarbeiten und das störende Verhalten von Stakeholdern unterbinden. Oft ist den Stakeholdern ihre störende Wirkung nicht bewusst. Der Scrum Master kann hierbei mit Schulungen zu Scrum das Bewusstsein darüber fördern.

✔ Enhancing the value of the Development Teams work.

Die Anforderungen an das Produkt werden oft durch die Stakeholder beeinflußt. Der Product Owner verwaltet diese Anforderungen und versucht diesen durch entsprechende Backlog Items gerecht zu werden. Er bestimmt durch das Priorisieren der Product Backlog Items den nächsten zu erreichenden Wert im Produkt.

13. Additional Scrum Teams are added to the development of a product. The product was developed by only one Scrum Team. What will be the immediate effect on the productivity of the first Scrum Team?

□ The productivity will likely increase.

Die Produktivität steigt nicht, da mehr Ressourcen für die anfängliche Zusammenführungszeit benötigt wird. Die Teams müssen sich abstimmen und dies erfordert Zeit. Damit kommt die Steigerung der Produktivität erst nach dem Einspielen der Mitglieder in den Scrum Teams.

✔ The productivity will likely decrease.

Das Development Team benötigt Ressourcen, um die anderen Teams auf den gleichen Stand zu bringen. Die anfängliche Koordinationsarbeit, um sich mit den anderen Teams abzustimmen, ist höher als bei einem eingespieltem Team. Dazu kommen auch die bekannten Phasen wie Storming, Forming, Norming und Performing, die neu zusammengestellte Teams durchlaufen müssen.

14. What guides the Scrum project, is developed by the product owner and should be clearly communicated?

□ The Sprint Goal.

Das Sprint Goal leitet die Umsetzung der Backlog Items im aktuellen Sprint.

✔ The Product Goal.

Das Product Goal soll das Scrum Projekt leiten. Es wird vom Product Owner entwickelt und allen klar kommuniziert.

□ The Project Charter.

Die Projekt Charter findet man in klassischen Projektmanagement Systemen. Diese enthält das Projektziel und noch einige andere wichtige Elemente. Hat nichts mit Scrum zu tun.

□ The Product Backlog.

Enthält die Eigenschaften des angestrebten Produkts. Die Eigenschaften werden durch das Product Goal geleitet und leiten nicht das Scrum Projekt.

Rolle: Scrum Master

Kurzbeschreibung

- Vermittelt das Verständnis von Scrum und trainiert das Scrum Team.
- Sorgt für die Einhaltung der Scrum Regeln.
- Unterstützt das Scrum Team bei deren Aufgaben.
- Optimiert die Zusammenarbeit innerhalb des Scrum Teams.
- Übernimmt das Beseitigen von Hindernissen.
- Vermittelt Außenstehenden, welche Interaktionen mit dem Scrum Team hilfreich sind

Der Scrum Master verantwortet

- Einhalten des Scrum-Prozesses und der Scrum-Regeln
- Teamproduktivität
- Probleme und Hindernisse (Impediments)

Aufgaben des Scrum Masters

- Coaching für das Scrum Team
- Coaching der Organisation in Scrum
- Abschirmung des Development Teams gegen Störungen von außen
- Beseitigung von Hindernissen und Problemen
- Moderation von Scrum-Events
- Einhalten der Timeboxen der Scrum-Events

Der Scrum Master vermittelt dem Scrum Team die Arbeitsweisen und Verfahren für Scrum. Er verantwortet die Durchführung von Scrum. Zu seinen Pflichten gehört die Einhaltung der Scrum-Events und der Timeboxen. Der Scrum Master kann die Events moderieren. Er unterstützt das Scrum Team, sich auf das Produkt zu konzentrieren und beseitigt Hindernisse, die den Scrum-Ablauf stören. Er hat keine Weisungsbefugnis. Der Product Owner und das Development Team verwalten sich selbst. Der Scrum Master ist der erste Ansprechpartner in Fragen zum Ablauf von Scrum. Er steht mit seinem Scrum-Wissen dem Scrum Team und dem Unternehmen beiseite.

Dienst für den Product Owner

- Hilft Techniken zu finden, um das Produktziel effektiv zu definieren.
- Vermittelt Techniken für eine effektive Verwaltung des Product Backlogs.
- Hilft beim Erstellen und Formulieren von klaren Product Backlog Items und vermittelt auch die Notwendigkeit solcher Einträge im Product Backlog.
- Schafft das Verständnis für eine Produktplanung in einem empirischen Arbeitsumfeld.
- Hilft dem Product Owner, die Priorisierung von Items im Product Backlog so vorzunehmen, dass der größte Wert pro Sprint erreicht wird.
- Vermittelt das Verständnis und die Anwendung von Agilität.
- Unterstützt bei Bedarf oder auf Anfrage die Durchführung von Scrum-Events.
- Fördert die Zusammenarbeit mit Stakeholder wenn dies nachgefragt oder nötig wird.

Ein empirisches Arbeitsumfeld zeichnet sich dadurch aus, dass alle Mitglieder durch die Ergebnisse und Ereignisse im Projekt eigene Erkenntnisse ableiten und daraus lernen. Das Erlernte wird sofort, spätestens im nächsten Sprint, angewendet. Der Scrum Master unterstützt das Scrum Team bei der Umsetzung von Optimierungen, unter anderem durch motivierende Maßnahmen und optimierende Vorgehensweisen. Diese Optimierungen können Thema der Scrum Retrospektive sein. Er hilft durch Gespräche und fortlaufende Förderungen des Scrum Teams.

Das richtige Formulieren von Product Backlog Items gewährleistet, dass eine entsprechende Priorisierung vorgenommen werden kann. Gut erarbeitete Product Backlog Items helfen dem Team, Verständnis über die Produktanforderungen zu erlangen. Damit wird die Produktivität gesteigert und die Frustration für nicht richtig umgesetzte Sprint Backlog Items reduziert. Gerade dieser Effekt hilft dem Product Owner noch mehr Vertrauen in das Development Team zu haben.

Gerade Neulinge in der Product-Owner-Rolle benötigen intensivere Unterstützung, um die Scrum-Philosophie zu verinnerlichen. Oft wird ein Kontrollverlust befürchtet. Der Scrum Master arbeitet gegen dieses Vorurteil. Er übermittelt das Verständnis, was ein agiles Vorgehen leisten kann. Er offenbart die Vorteile und demonstriert den Mehrwert von in Scrum durchgeführten Projekten.

Dienst für das Development Team

- Coacht das Development Team in Selbstverwaltung und funktionsübergreifender Teamarbeit.
- Unterstützt das Development Team in Organisationen mit wenig Scrum-Verständnis.
- Hilft dem Development Team bei der Schaffung hochwertiger Produkte.
- Beseitigt Hindernisse und Störungen für das Development Team.
- Moderiert bei Bedarf die Durchführung von Scrum-Events.

Der Scrum Master gibt Anregungen zu Vorgehensmodellen und „Best-Practice"-Methoden. Er erklärt die Abläufe von Scrum. Er sorgt für die Einhaltung der Scrum-Events und kann diese auch moderieren – muss es aber nicht, sofern das Development Team sich sehr gut selbst organisieren kann.

Seine Schulungen zu Scrum helfen zu verstehen, dass die Umsetzung von Backlog Items ohne „Gold plating" ein Vorteil ist. Damit unterstützt der Scrum Master die Erreichung der Produktwerte, so dass das Team nicht zu sehr vom Sprint Goal abweicht.

Dienst für die Organisation

- Leitet und trainiert die Organisation bei der Durchführung von Scrum.
- Plant die Einführung von Scrum innerhalb der Organisation.
- Unterstützt Kollegen und Stakeholder, die empirische Produktentwicklung mit Scrum zu verstehen.
- Initiiert Veränderungen zur Produktivitätssteigerung im Team.
- Arbeitet mit anderen Scrum Mastern zusammen, um Scrum-Implementierungen innerhalb der Organisation zu verbessern.
- Plant und empfiehlt die Einführung von Scrum in der Organisation.
- Hilft Mitarbeiter und Stakeholder beim Verständnis und bei der Umsetzung eines empirischen Ansatzes für komplexe Arbeit.
- Beseitigt Barrieren zwischen Stakeholder und dem Scrum Team.

Der Scrum Master kann Workshops rund um das Thema Scrum leiten und schult stetig das Scrum Team in der Anwendung. Abweichungen der Teams begegnet er mit Erklärungen und entsprechend angepassten Mini-Schulungen, so dass das Team auf dem Scrum-Weg bleibt.

Neben seiner helfenden Tätigkeit für das Scrum Team, organisiert er sich mit anderen Scrum Mastern, damit die Organisation ein fundiertes Scrum Wissen aufbaut. Dies hilft anderen Abteilungen und Gruppen, ebenfalls Scrum einzusetzen.

Der Scrum Master ist kein Projektmanager

Im Gegenteil, seine Arbeit ist komplett anders. Der Scrum Master verantwortet die korrekte Umsetzung von Scrum. Damit ist er auch mitverantwortlich für den Erfolg des Projekts, denn durch die Einhaltung von Scrum erhöht er die Wahrscheinlichkeit für den Erfolg.

Ja zuvor haben Sie gelernt, dass der Product Owner für den Erfolg eines Projekts verantwortlich ist. Das stimmt immer noch. Und eigentlich sind alle drei Rollen dafür verantwortlich. Jede Rolle aber auf seine Weise. Der Product Owner achtet auf den ROI eines Projekts. Damit entscheidet sich der Projekterfolg, da wenn die falschen Produkteigenschaften und Werte umgesetzt werden, kein Nutzen aus dem Projekt selbst gezogen werden kann.

Der Scrum Master achtet auf die korrekte und effektive Ausführung von Scrum und verhilft damit zum Projekterfolg. Denn selbst wenn die richtigen Product Backlog Items gewählt wurden, kann es dennoch zu einem Stillstand im Projekt kommen.

Die indirekte Macht des Scrum Masters macht es schwierig, die einfachen Regel von Scrum sofort optimal einzusetzen. Man muss Scrum leben und geschickt agieren. Man sollte sich auf die Scrum Philosophie einlassen, die hinter dem Scrum Framework steckt. Doch keine Angst, dass kommt mit der Erfahrung.

> „Einer der Hauptfehler ist, dass Scrum innerhalb des Kontextes Ihrer derzeit im Projektmanagement angewandte Methodik interpretiert wird. Scrum Elemente werden dann angewendet, ohne die zugrundeliegenden Prinzipien verstanden zu haben."

[Ken Schwaber: Agiles Projektmanagement mit Scrum, 2007, ISBN 978-3-86645-631-0]

Quiz

Fragen

1. **Which of the following is the responsibility of the Scrum Master?**

- ☐ Managing the Scrum Teams performance.
- ☐ Monitoring resource distribution.
- ☒ Making sure the Scrum process is adopted and used correctly.
- ☐ Managing the meetings and objectives set by Scrum Team.

2. **Which tasks are suitable for a Scrum Master to perform if the Development Team doesn't have the engineering tools to finish each Product Backlog item?**

- ☒ Coaching the Development Team to develop its skills and infrastructure over time and amending the Definition of Done appropriately
- ☐ Encouraging the Product Owner to accept Increments that are partially complete until the situation improves.
- ☒ Having the Development Team establish a Definition of Done that is achievable according to the circumstances.
- ☐ Shift of the focus of the current Sprint to improve the Development Teams infrastructure instead of delivering an Increment.
- ☐ Pronounce the Development Team not fit for Scrum.

3. **What should the Scrum Master do if a member of the Development Team expresses concerns about data security?**

- ☐ Tell the Product Owner to pause development until the issues are resolved.
- ☐ Add security as a Product Backlog item.
- ☒ Ask the person to explain the concern with the team immediately.
- ☐ Check with the testers.

- ☐ Make security part of the definition of "Done".

4. **You have joined a company new to Scrum and management wants you to be Scrum Master of six new Scrum Teams that will build a single product. Which conditions would you try to create?**

- ☒ There are six Product Owners in total (one for each Scrum Team).
- ☒ There is only one Product Owner.
- ☐ Each Scrum Team has a separate Product Backlog.
- ☒ The product has one Product Backlog.
- ☐ There are six Product Owners who all report to a chief Product Owner.

5. **What is the role of a Scrum Master during a Sprint?**

- ☐ Allocate tasks within the Scrum team.
- ☐ Track the Development Teams progress.
- ☒ Remove obstacles.
- ☒ Facilitate reviews and revision opportunities as necessary.
- ☐ Bring team conflicts to the attention of functional line managers.
- ☐ Make sure that the Product Owner participates in all Scrum events.

6. **A Scrum Master has a growing list of open impediments and has only been able to resolve a small amount. Which techniques would be most beneficial in this setting?**

- ☒ Prioritize the items and work on them in this order.
- ☒ Let management know about the impediments and their impact
- ☒ Seek advice from the Development Team.
- ☐ Arrange a meeting with all project managers to discuss triage.

7. **Which of the following is the best way for the Scrum Master to make sure the Development Team is communicating well with the Product Owner?**

- ☐ Explain the Product Owner the technologies used during the Sprints.

- ☒ Monitor their interactions and help foster collaboration.
- ☐ Act as a liaison between them.
- ☐ Show the Development Team how to talk in terms of business needs and objectives.

8. If you were Scrum Master on a newly created Scrum Team, which of the following would you do to help team start up?

- ☒ Discuss the product/project including its context and goals with the Product Owner
- ☐ Make sure Scrum Team members are compatible.
- ☐ Initiate a bonus system for top performers.
- ☐ Make sure the team is aware they need a definition of "Done"
- ☒ Encourage Scrum Team members to introduce themselves and give a brief background of their skills and experiences.
- ☐ Get direct reports from the managers for each team member and review their responsibilities on the Scrum Team.

9. Why should the Scrum Master be present at the Daily Scrum?

- ☐ To make sure each member answers the questions in the right order.
- ☒ He or she does not have to attend, but must make sure the Development Team holds a Daily Scrum.
- ☐ To track changes to the Sprint Backlog, add new items, and monitor progress on the burndown.
- ☐ To gather information to report back to management.

10. How can a Scrum Master make sure the Development Team is optimizing productivity levels?

- ☐ By making sure the meetings start and end on time.
- ☐ By preventing modifications to the backlogs once the Sprint begins.
- ☐ By ensuring that high value features remain high in the Product Backlog.

- ☒ By fostering decisions and getting rid of impediments.

11. A Product Owner seeks advice from the Scrum Master. What is the guideline for estimating work in Scrum?

- ☒ The Development Team estimates the work.
- ☐ The Product Owner estimates and checks with the Development Team.
- ☒ Use relative units to estimate the work.
- ☐ Use story points for Product Backlog Items to estimate them.
- ☐ Scrum does not allow estimating.

12. Several new Scrum Teams creating one product together. Some developers asking the Scrum Master how to coordinate their work. What is the Scrum Master doing?

- ☐ Coach the Product Owner to work with the lead developers on ordering the Product Backlog so that not too much technical and development work is happening during the Sprint.
- ☐ Merge the Sprint tasks from the teams at the end of their Sprint Planning into a combined plan for the Sprint.
- ☒ Coach them that it is their responsibility to work with the other teams to create the Increment.
- ☐ Inspect every day that their Sprint Backlogs are aligned.

13. The Product Owner is not collaborating with the Development Team during the Sprint. What are two valuable actions for a Scrum Master?

- ☒ Teach the Product Owner in the values of Scrum and incremental delivery
- ☐ Interrupt the Sprint and send the Product Owner to a course and restart
- ☐ Inform the Product Owners functional manager.
- ☒ Bring up the problem in the Sprint Retrospective.
- ☐ Choose a proxy Product Owner

14. A Development Team has members in different physical locations. They meet in different meetings rooms and have a lot of logistically work for each Daily Scrum. What can the Scrum Master do?

- ☐ Support the Development Team to self-manage, so that they decide what to do.
- ☐ Involve management and ask for a solution.
- ☐ Creating the meeting environment and let them know that this is how it will be done.
- ☐ Make sure the Development Team alternates who is in charge for the meeting setup.

Lösungen

1. Which of the following is the responsibility of the Scrum Master?

□ Managing the Scrum Teams performance.

Das Development Team besteht aus Experten, die alle notwendigen Fähigkeiten als Team vereinen, um das Produkt zu erstellen. Das Development Team hat keinen Teamleiter. Es besteht aus gleichberechtigten Mitgliedern, welche sich selbst organisieren. Der Scrum Master überprüft die Einhaltung der „Definition of Done" und unterweist das Development Team in die Notwendigkeit der Transparenz von Product Increments. In der Sprint Retrospective kann der Scrum Master Vorschläge und Tools für Optimierungen einbringen, er kann diese aber nicht vorschreiben.

□ Monitoring resource distribution.

Die Verwaltung der Ressourcen wird durch das Development Team selbst geregelt. Wenn die Freigabe von Teammitgliedern selbst das Problem ist, kann er durch Aufklärung und mit Informationen zu Scrum auf die entsprechenden Verantwortlichen einwirken. Doch der Scrum Master hat keine Befugnis und benötigt die Mithilfe des Scrum Teams.

✔ Making sure the Scrum process is adopted and used correctly.

Der Scrum Master schult das Scrum Team und die Organisation in Scrum. Er trainiert das Scrum Team, die Scrum-Regeln optimal einzusetzen. Er unterstützt das Scrum Team, den Scrum-Ablauf einzuhalten. Seine Tätigkeiten sind unterstützend und gleichzeitig auf Verbesserungen im Scrum Team ausgerichtet. Er trägt keine Personalverantwortung über das Scrum Team und bestimmt auch nicht über das Produkt.

□ Managing the meetings and objectives set by Scrum Team.

Der Scrum Master stellt sicher, dass der Scrum Ablauf eingehalten wird. Das bedeutet auch, dass die Scrum Events eingehalten werden und das Daily Scrum stattfindet. Die Organisation von Meetings, kann auch von ihm übernommen werden, muss aber nicht.

Vielmehr ist es eine gemeinsame Aufgabe für das gesamte Scrum Team.

2. Which tasks are suitable for a Scrum Master to perform if the Development Team doesn't have the engineering tools to finish each Product Backlog item?

Der Scrum Master ist für die Schulung und Unterweisung in Scrum verantwortlich. Er hilft dem Development Team, entsprechende Vorbereitungen zu treffen und diese einzurichten. Die „Definition of Done" stellt entsprechende Anforderungen, wann ein Backlog Item „Done" ist.

✔ Coaching the Development Team to develop its skills and infrastructure over time and amending the Definition of Done appropriately

☐ Encouraging the Product Owner to accept Increments that are partially complete until the situation improves.

Der Product Owner sorgt für den maximalen Nutzen im Produkt. Jeder Sprint soll ein potenziell auslieferbares Product Increment liefern. Dadurch hat der Product Owner die Möglichkeit, das Produkt mit Kunden zu testen, um an geänderte Anforderungen anpassen zu können. Mit einem halbfertigen Product Increment ist die Möglichkeit für eine Richtungsänderung eingeschränkt. Denn es könnte notwendig sein, das zuerst die halb realisierten Backlog Items fertig gestellt werden müssen, bevor eine Änderung eingebunden werden kann.

✔ Having the Development Team establish a Definition of Done that is achievable according to the circumstances.

☐ Shift of the focus of the current Sprint to improve the Development Teams infrastructure instead of delivering an Increment.

Scrum soll helfen, von Anfang an ein potenziell nutzbares Produkt zu erstellen. Hier ist es besser, ein entsprechendes Sprint Goal zu etablieren, damit ein Produktnutzen aus dem Sprint entstehen kann.

☐ Pronounce the Development Team not fit for Scrum.

Der Product Owner verantwortet das Produkt. Nur er kann einen Sprint abbrechen. Genauso liegt es in seiner Verantwortung, das Projekt gegenüber den Stakeholder zu verantworten. Nur er könnte eine Einstellung des Scrum-Projekts initiieren.

3. What should the Scrum Master do if a member of the Development Team expresses concerns about data security?

☐ Tell the Product Owner to pause development until the issues are resolved.

Nur der Product Owner kann einen Sprint abbrechen. Was aber sofort zum nächsten Sprint führen würde. Vielmehr sollte gemeinsam diskutiert werden, inwieweit diese Sorgen begründet sind und ob man Abhilfe schaffen kann. Eine gemeinsame Ansprache des Problems im Team führt eher zum Ziel und fördert Vertrauen und Produktivität.

☐ Add security as a Product Backlog item.

Der Product Owner erstellt ein Product Backlog Item, wenn es notwendig ist, um Sicherheit hinzuzufügen. Dazu muss der Product Owner aber zuerst über dieses Problem Bescheid wissen. Im Gespräch mit dem Team, kann erläutert werden, ob ein Problem besteht und wie man damit umgehen sollte. Das Ergebnis dieses Gesprächs könnte ein Product Backlog Item zur Behebung sein.

✔ Ask the person to explain the concern with the team immediately.

Für ein sich selbst organisierendes Team gehört auch die gemeinsame Diskussion von möglichen Problemen dazu, vor allem wenn es sich um kritische Aspekte dreht. Die Anforderung an Transparenz gebietet, Probleme öffentlich zu machen, um schnell eine Lösung zu finden.

☐ Check with the testers.

Ob es eigenständige Tester im Development Team gibt, hängt von dem Projekt und vom Development Team ab. Grundsätzlich sind Tester auch Mitglieder des Development Teams. Der Product Owner sollte mögliche Probleme früh übermittelt bekommen. Das

Scrum Team sollte gemeinsam an diesen Problemen arbeiten, um alle möglichen Aspekte zu berücksichtigen. Der Product Owner kann dann eine Entscheidung über das weitere Vorgehen treffen.

□ Make security part of the definition of "Done".

Einträge in die „Definition of Done" werden gemeinsam als Scrum Team hinzugefügt. Damit einigt sich das Team auf gemeinsame Mindestanforderungen. Der Scrum Master kann nicht einfach einen Eintrag hinzufügen. Das untergräbt das Vertrauen in das Development Team. Vielmehr sollte das Scrum Team gemeinsam die Problematik besprechen und entsprechende Maßnahmen ergreifen, um eine Lösung zu finden.

4. You have joined a company new to Scrum and management wants you to be Scrum Master of six new Scrum Teams that will build a single product. Which conditions would you try to create?

□ There are six Product Owners in total (one for each Scrum Team).

Jedes Scrum Team hat einen Product Owner. Da es aber nur ein Product Backlog geben darf, gibt es das Problem der Verantwortung. Der Trick an der Frage ist der Hinweis auf das gemeinsame Produkt. Jedes Produkt hat nur ein Product Backlog und jedes Product Backlog hat nur einen Product Owner.

✔ There is only one Product Owner.

Es kann nur einen Product Owner für das Produkt geben. Das ist wichtig. Der Product Owner kann seine Arbeit delegieren. Die Teams selbst können Product Owner haben, die nach der Weisung des "einen" Product Owner arbeiten. Oft auch Proxy Product Owner genannt. Diese können aber keinen eigenen Product Backlog führen. Dem Team und den Stakeholder ist somit jederzeit klar, wer die Produktgewalt besitzt. Sonst gibt es Chaos und dies führt zu Verzögerungen.

□ Each Scrum Team has a separate Product Backlog.

Es darf nur ein Product Backlog pro Produkt geben, auch wenn es mehrere Scrum Teams gibt. Nur so kann der Produktverantwortliche die Umsetzung der Produktmerkmale steuern. Da im Product Backlog alle geforderten und benötigten Anforderungen an das Produkt aufgenommen werden, ist es bei mehreren Product Backlogs nicht einfach, eine entsprechende Entscheidung zu treffen.

✔ The product has one Product Backlog.

Es darf nur ein Product Backlog geben. Wenn mehrere Scrum Teams an einem Produkt arbeiten, beschreiben die Product Backlog Items die umzusetzenden Arbeiten für das Produkt.

□ There are six Product Owners who all report to a chief Product Owner.

Die Frage ist etwas trickreich. Der Kontext der Frage ist sehr wichtig in der Prüfung, daher ist diese Antwort falsch, da es darum geht, zu verstehen, dass es nur einen einzigen Product Owner mit Produktgewalt über ein Produkt in Scrum gibt. Auch wenn die Arbeit vom Product Owner delegiert wird.

5. What is the role of a Scrum Master during a Sprint?

□ Allocate tasks within the Scrum team.

Das Scrum Team organisiert sich selbst. Es gibt keinen, der einem anderen Mitglied Aufgaben zuweist. Einzig dem Scrum Master kann man die Impediments übertragen, damit er sich um die Beseitigung der Hindernisse kümmern kann.

□ Track the Development Teams progress.

Der Fortschritt des Development Teams wird, offen für alle, im Sprint-Burndown-Chart ersichtlich. Die Aktualisierung kann durch das Development Team erfolgen. Der Product Owner macht den Fortschritt des Produkts in einem entsprechenden Chart sichtbar und in entsprechenden Mitteilungen an alle Interessierten öffentlich.

✔ Remove obstacles.

Der Scrum Master verantwortet die Einhaltung der Scrum-Regeln. Er trainiert das Scrum Team. Dazu gehört auch die stetige Verbesserung und Optimierung, wie das Scrum Team die Ziele erreicht. In seiner Verantwortung liegt auch die Beseitigung von Hindernissen. Hindernisse sind auch Probleme mit dem Produkt und deren frühe Erkennung.

✔ Facilitate reviews and revision opportunities as necessary.

Der Scrum Master kann neue Methoden vorstellen oder andere Wege vorschlagen, damit das Team sich selbst verbessert und besser zusammenarbeiten kann. Sollten solche Maßnahmen nötig sein, sorgt er dafür, dass die entsprechenden Events stattfinden. Dazu zählen auch Events wie das Sprint Review und die Sprint Retrospective.

☐ Bring team conflicts to the attention of functional line managers.

Der Scrum Master versucht, Konflikte durch entsprechende Mediation und Bereitstellen von entsprechenden Möglichkeiten im Team zu halten. Das Team selbst versucht, Konflikte mit Hilfe vom Scrum Master zu lösen. Eine Eskalation gehört nicht zu seinen Aufgaben.

☐ Make sure that the Product Owner participates in all Scrum events.

Nicht alle Events im Scrum, müssen durch den Product Owner besucht werden. Das Daily Scrum ist ein Scrum Event, dass nur dem Development Team gehört. Der Product Owner ist nicht als Teilnehmer vorgesehen.

6. A Scrum Master has a growing list of open impediments and has only been able to resolve a small amount. Which techniques would be most beneficial in this setting?

Der Scrum Master versucht mit dem Development Team herauszufinden, welche die wichtigsten Probleme sind. Diese kann er zuerst angehen. Eventuell können kleinere Probleme auch durch das Development Team selbst gelöst werden. Behinderungen und Probleme, die den Ablauf und den Fortschritt im Projekt stören, müssen gemeldet werden. Dies erfordert schon das Transparenzgebot in Scrum. Ferner kann auch der Product Owner oder andere helfen, die Impediments zu beseitigen. Der Scrum Master kümmert sich um die Impediments. Er muss aber nicht alle Hindernisse eigenhändig beseitigen.

✔ Prioritize the items and work on them in this order.

✔ Let management know about the impediments and their impact

✔ Seek advice from the Development Team.

☐ Arrange a meeting with all project managers to discuss triage.

In Scrum gibt es keine Projektmanager.

7. Which of the following is the best way for the Scrum Master to make sure the Development Team is communicating well with the Product Owner?

☐ Explain the Product Owner the technologies used during the Sprints.

Der Product Owner erfährt während den Reviews, welches Vorgehen das Development Team für die Umsetzung gewählt hat. Der Scrum Master muss den Product Owner nicht in diese Arbeiten unterweisen. Der Product Owner muss kein Entwickler sein und auch keiner werden.

✔ Monitor their interactions and help foster collaboration.

Der Scrum Master versucht, das Scrum Team zur Zusammenarbeit zu bewegen. Ein wichtiger Faktor ist die direkte Kommunikation zwischen Product Owner und dem Development Team. Ist diese Kommunikation gestört, versucht er diese Kommunikation zu fördern.

☐ Act as a liaison between them.

Gerade die direkte Kommunikation zwischen dem Development Team und dem Product Owner ist ein großer Vorteil. Ein Zwischenpuffer ist nicht gewünscht und erhöht die Gefahr, dass Missverständnisse entstehen. Dies wirkt sich auf die Produktivität aus.

□ Show the Development Team how to talk in terms of business needs and objectives.

Das Development Team muss kein Product Owner werden. Der Scrum Master schult die Entwickler auch nicht darin. Ein grundlegendes Verständnis für die Materie wird durch den Product Owner vermittelt. Dieses Verständnis wird im Sprint Planning und im Refinement aufgebaut und dort benötigt.

8. If you were Scrum Master on a newly created Scrum Team, which of the following would you do to help team start up?

✔ Discuss the product/project including its context and goals with the Product Owner

Damit das neue Development Team anfangen kann zu arbeiten, muss es auch das Produkt, das Projekt verstehen. Darum sollte der Product Owner dem neuen Team das Produkt erklären. Nur so kann das Development Team auch die entsprechenden Schätzungen vornehmen und die notwendigen Arbeitsschritte umsetzen.

□ Make sure Scrum Team members are compatible.

Neue Teams müssen sich oft erst zusammenraufen. Ein kompatibles Verhalten der verschiedenen Persönlichkeiten ist oft auch nicht zielführend. Damit kann man sich auch um neue, gewinnbringende Ansichten bringen. Das Development Team sollte eher über die benötigten Fähigkeiten als Ganzes verfügen.

□ Initiate a bonus system for top performers.

Das liegt nicht in der Hand des Scrum Masters. Ein Bonussystem widerspricht der Gemeinschaft und bringt nur Unruhe in das Team. Teammitglieder werden zur Intransparenz angestiftet. Damit wird es allgemein unproduktiver.

✔ Make sure the team is aware they need a definition of "Done"

Ohne eine „Definition of Done" ist es schwer zu bestimmen, wann ein Backlog Item fertiggestellt ist. Die „Definition of Done" liefert zusätzliche Anhaltspunkte für die Schätzung der notwendigen Arbeiten für die Umsetzung eines Backlog Items.

✔ Encourage Scrum Team members to introduce themselves and give a brief background of their skills and experiences.

Das Team sollte wissen, mit wem es zusammenarbeitet. So können die jeweiligen Stärken optimal genutzt werden. Das ist ein funktionsübergreifendes Development Team.

☐ Get direct reports from the managers for each team member and review their responsibilities on the Scrum Team.

Das Development Team organisiert sich selbst. Es berichtet nicht an einen direkten Vorgesetzten. Das soll auch das Vertrauen fördern und damit Raum für Entfaltung und Leistungssteigerung schaffen.

9. Why should the Scrum Master be present at the Daily Scrum?

☐ To make sure each member answers the questions in the right order.

Der Scrum Master ist nicht dazu da sicherzustellen, dass die drei Fragen durch das Team beantwortet werden. Auch ist er nicht für die Reihenfolge der Beantwortung zuständig.

✔ He or she does not have to attend, but must make sure the Development Team holds a Daily Scrum.

Der Scrum Master sorgt für die Einhaltung der Events. Er muss nicht dabei sein, doch die Impediments muss er sich besorgen oder geben lassen. Ebenso kümmert er sich um eventuelle Rückfragen, welche für die Beseitigung der Impediments nötig sind.

☐ To track changes to the Sprint Backlog, add new items, and monitor progress on the burndown.

Der Scrum Master ist nicht verantwortlich, dass die Änderungen am Sprint Backlog erfolgen. Er kann, muss aber nicht, den Burndown-Chart aktualisieren. Das kann auch vom Development Team gemacht werden. Im Grunde werden im Scrum keine Tools vorgeschrieben und deswegen sind diese auch nicht an die Rollen gebunden.

□ To gather information to report back to management.

Der Scrum Master ist nicht der verlängerte Arm oder Berichterstatter des Managements. Das Daily Scrum ist kein Status-Meeting, sondern dient der Synchronisierung des Development Teams.

10. How can a Scrum Master make sure the Development Team is optimizing productivity levels?

□ By making sure the meetings start and end on time.

Der Scrum Master muss sicherstellen, dass das Development Team die Events abhält. Dazu überwacht er auch die Einhaltung der entsprechenden Timeboxen. Jedoch ist dies nur ein kleiner Teil für die Produktivität. Der Scrum Master sorgt eher für eine produktive Atmosphäre und schafft die entsprechenden Umstände, auf welche sich das Development Team geeinigt hat.

□ By preventing modifications to the backlogs once the Sprint begins.

Der Scrum Master soll das Scrum Team im Scrum unterweisen und die Einhaltung der Scrum Regel fördern. Wird versucht das Sprint Backlog zu ändern, kann er auf die damit verbundenen möglichen Komplikationen hinweisen. Das Sprint Backlog gehört dem Development Team und das Product Backlog gehört dem Product Owner. Diese entscheiden damit auch über den Inhalt. Änderungen am Sprint Backlog sind eventuell notwendig, um das Sprint Goal zu erreichen. Änderungen am Product Backlog sind jederzeit durch den Product Owner möglich. Der Scrum Master versucht Störungen vom Team fernzuhalten und benötigt oft auch die Hilfe des Product Owners dafür.

□ By ensuring that high value features remain high in the Product Backlog.

Die Entscheidung über den Nutzen im Produkt obliegt dem Product Owner. Er sorgt für den höchsten Nutzen und entscheidet damit auch, welche Einträge umgesetzt werden müssen. Vorschläge für weitere Product Backlog Items können vom gesamten

Team und von Stakeholdern eingebracht werden.

✔ By fostering decisions and getting rid of impediments.

Das Development Team organisiert sich selber. Damit versucht es sich auch selbst zu optimieren. Der Scrum Master kann Empfehlungen für eine bessere Arbeitsumgebung abgeben. Das Team entscheidet, ob es diese ausprobieren möchte. Der Scrum Master schafft dann die optimierte Arbeitsumgebung, welche das Team als beste einstuft. Im Daily Scrum benennt das Development Team die Impediments. Die Beseitigung der Impediments ist die Aufgabe vom Scrum Master. Dabei sollten einfache Probleme durch die Entwickler selbst gelöst werden. Der Scrum Master schafft die produktive Umgebung, aber ist nicht das Mädchen für alles.

11. A Product Owner seeks advice from the Scrum Master. What is the guideline for estimating work in Scrum?

✔ The Development Team estimates the work.

Nur das Development Team kann die notwendige Arbeit abschätzen. Schätzungen werden durch die umsetzenden Teilnehmer vorgenommen, also vom Development Team.

☐ The Product Owner estimates and checks with the Development Team.

Schätzungen werden durch die umsetzenden Teilnehmer vorgenommen, also vom Development Team.

☐ Use relative units to estimate the work.

Scrum sieht keine Einheiten für Aufwandsschätzungen vor. Vielmehr müssen sich alle Entwickler im Klaren sein, was die Einheiten für die Schätzung bedeuten. Nur so kann eine Prognose und eine Erfassung des Fortschritts erfolgen.

☐ Use story points for Product Backlog Items to estimate them.

Scrum sieht keine Einheit für Schätzungen vor. Das Scrum Team einigt sich auf ein Verfahren für die Bewertung von Schätzwerten und bleibt bei diesem Verfahren, um mit der Zeit eine genauere Schätzung liefern zu können.

□ Scrum does not allow estimating.

Scrum verbietet nicht, dass Schätzungen gemacht werden. Schätzungen bilden die Basis für den Umfang der in den Sprint zu übernehmenden Backlog Items.

12. Several new Scrum Teams creating one product together. Some developers asking the Scrum Master how to coordinate their work. What is the Scrum Master doing?

□ Coach the Product Owner to work with the lead developers on ordering the Product Backlog so that not too much technical and development work is happening during the Sprint.

Es gibt keine Lead-Entwickler. Der Product Owner bestellt sein Product Increment mit den Anforderungen, die in den Backlog Items festgehalten sind. Er koordiniert nicht das Development Team, sondern verlässt sich darauf, dass geliefert wird. Dies entspricht dem Vertrauensprinzip im Scrum.

□ Merge the Sprint tasks from the teams at the end of their Sprint Planning into a combined plan for the Sprint.

Der Zusammenführen der Sprint Tasks in einen gemeinsamen Plan widerspricht der Eigenverantwortung. Aufgedrückte Verfahren für Umsetzung von Backlog Items schaden mehr, als dass sie helfen.

✔ Coach them that it is their responsibility to work with the other teams to create the Increment.

Das Development Team ermittelt selbst die optimale Form der Koordination zwischen den Teams. Das gehört zu deren Eigenverantwortung. Ein von oben aufgesetztes System könnte mehr schaden als helfen.

□ Inspect every day that their Sprint Backlogs are aligned.

Das Überwachen der Art und Weise gehört nicht zu den Aufgaben des Scrum Masters, genauso wenig die tägliche Überprüfung der geleisteten Arbeit. Wenn die Zusammenarbeit zwischen den Teams nicht optimal läuft, kann der Scrum Master dieses Problem in der Sprint Retrospective thematisieren und Vorschläge zur Verbesserung anbieten.

13. The Product Owner is not collaborating with the Development Team during the Sprint. What are two valuable actions for a Scrum Master?

✔ Teach the Product Owner in the values of Scrum and incremental delivery

Der Scrum Master wacht über den Scrum-Prozess. Zu seinen Aufgaben gehört auch, das Scrum Team in Scrum zu unterweisen.

□ Interrupt the Sprint and send the Product Owner to a course and restart

Ein Sprint kann nur vom Product Owner unterbrochen werden. Der Scrum Master ist für die Unterweisung in Scrum verantwortlich. Er hat keine Befehlsgewalt über das Scrum Team.

□ Inform the Product Owners functional manager.

Scrum entfaltet seine Kraft durch die Eigenverantwortung der Rollen. So werden Konflikte und Probleme innerhalb des Scrum Teams angegangen. Er sollte dem Product Owner die möglichen Konsequenzen für das Projekt verdeutlichen.

✔ Bring up the problem in the Sprint Retrospective.

Wenn ein fundamentales Missverständnis gegeben ist, muss dieses angesprochen werden, damit dieses Problem behoben werden kann. Hier kann auch in der Sprint Retrospective darüber gesprochen werden, wie die Verfügbarkeit und Kommunikation sich optimieren lässt.

□ Choose a proxy Product Owner

Ein Proxy-Product-Owner ist schlecht für eine optimale Kommunikation und kann auch zu Missverständnissen führen. Der Product Owner ist für das Produkt verantwortlich. Der Scrum Master kann nicht einen Proxy-Product-Owner bestimmen. Die Probleme innerhalb des Scrum Teams werden in der Sprint Retrospective angesprochen. So kann das Team gemeinsam die Optimierung herbeiführen.

14. A Development Team has members in different physical locations. They meet in different meetings rooms and have a lot of logistically work for each Daily Scrum. What can the Scrum Master do?

✔ Support the Development Team to self-manage, so that they decide what to do.

Der Scrum Master sollte die Teams ermutigen, die Kommunikation selbst zu organisieren. Damit wird auch die Kommunikation untereinander gefördert.

□ Involve management and ask for a solution.

Das Einfordern einer Lösung seitens des Managements untergräbt die Selbst-Organisation des Development Teams. Damit werden die Scrum-Bemühungen eher in Frage gestellt. Vielmehr sollte das Development Team ermutigt werden, die Koordination selbst vorzunehmen. Damit wird auch die Kommunikation im Team gefördert.

□ Creating the meeting environment and let them know that this is how it will be done.

Der Scrum Master kann mit Tipps und Vorschlägen helfen. Doch vielmehr sollte er das Development Team dazu ermutigen, selbst die Koordination zu leiten. So gehört auch die Förderung der Kommunikation im Team dazu.

□ Make sure the Development Team alternates who is in charge for the meeting setup.

Eine wechselnde Organisation der Scrum Meetings kann hilfreich sein. Doch kann der Scrum Master dies nicht verlangen, höchstens vorschlagen. Der Scrum Master sorgt dafür, dass das Development Team sich selbst organisiert. Er unterstützt entsprechende Bemühungen. Dazu gehört auch die Ermutigung, die Eigenverantwortung zu übernehmen und die Kommunikation im Development Team zu fördern.

Sprint

Kurzbeschreibung

- Maximale Länge sind 4 Wochen.
- Zeitraum um ein fertiges („done") Product Increment zu erstellen.
- Sprints sollten für die Dauer bis zur endgültigen Produktentwicklung eine konstante Länge haben.
- Jeder Sprint ist wie ein eigenes Projekt.
- Kann nur vom Product Owner abgebrochen werden.
- Der nächste Sprint startet direkt im Anschluss an den vorherigen Sprint.
- Das Sprint Goal darf nicht geändert werden.
- Keine Änderungen erlaubt, die das Sprint Goal gefährden.
- Umfang der Anforderungen kann bei neuen Erkenntnissen, mit dem Product Owner neu ausgehandelt werden.
- Qualitätsziele werden nicht reduziert.

Der Sprint hat 3 Abschnitte

1. Sprint-Start
2. Sprint-Arbeit
3. Sprint-Abschluss

Scrum basiert auf dem Durchlaufen von Sprints. Im Sprint werden die Ideen in Wert umgewandelt. Ein Sprint hat eine maximale Dauer von einem Monat. Dies ermöglicht eine schnelle Reaktion auf eine geänderte Definition der Ergebnisse. Das Risiko einer Fehlentwicklung wird reduziert.

Es kann passieren, dass sich die Bedürfnisse der Kunden, die gesetzliche Lage, technische Rahmenbedingungen oder die Ausrichtung der Organisation während eines Projekts ändern. Scrum bietet durch die kurzen Zyklen eine Möglichkeit, das Produkt an die neuen Gegebenheiten anzupassen.

Die Sprints erlauben eine bessere Vorhersagbarkeit, da mindestens einmal im Monat eine Überprüfung und Anpassung des Fortschritts möglich ist. Die Kosten und das Risiko sind also auf maximal einen Monat ausgedehnt.

Sprints können auch kürzer als 4 Wochen sein. Alle Timeboxen für die entsprechenden Events werden auf Basis des Monats heruntergebrochen. Die Länge der Scrum Events halbiert sich, wenn der Sprint nur 2 Wochen lang sein soll. Für die Daily Meetings gelten immer die maximal 15 Minuten.

Sprints können als Projekte mit maximal einem Monat Dauer betrachtet werden. Das Projekt muss am Ende ein brauchbares Produkt liefern.

Ein Sprint beinhaltet

- Sprint Planning (Meeting, Scrum Event)
- Die eigentliche Entwicklungsarbeit
- Daily Scrums (Meeting, Scrum Event)
- Refinement (Meeting)
- Sprint Review (Meeting, Scrum Event)
- Sprint Retrospective (Meeting, Scrum Event)

Meetings sichern die Kommunikation, Stabilität und Transparenz während eines Sprints. Die regelmäßigen Meetings erlauben eine fortlaufende Überprüfung und Anpassung der Ergebnisse und der Richtung. Die Meetings sind jeweils durch ein maximales Zeitfenster begrenzt. Dadurch wird das Team gezwungen, sich auf das Wesentliche im Meeting zu fokussieren. Zeitverschwendung wird reduziert. Die Angaben der Zeitfenster beziehen sich auf eine Sprint-Dauer von einem Monat, also vier Wochen.

Kürzere Sprints dürfen entsprechend anteilig weniger Zeit für die Events verbrauchen.

Jeder Sprint hat ein Sprint Goal mit einem bestimmten Leistungsumfang, die die Produktentwicklung in die richtige Richtung lenkt. Das Sprint Goal darf während eines Sprints nicht geändert werden. Die Qualitätsansprüche werden nicht geschmälert. Jedoch kann der Umfang erneut verhandelt werden, wenn sich neue Erkenntnisse ergeben. Der Product Owner kann nicht einfach neue Sprint Backlog Items in den Sprint werfen. Neue Items werden in sein Product Backlog gelegt.

Während das Development Team am Sprint Goal arbeitet, werden die Daily Scrum Meetings abgehalten. Wenn der Product Owner Fragen hat oder Schätzungen zu neuen Ideen und Product Backlog Items benötigt, kann er diese Fragen während des Sprints in einem kurzen Refinement-Meeting mit dem Development Team erörtern. Diese Meetings sind das Refinement der Backlog Items. Das Refinement darf nicht mehr als 10 % der Gesamtkapazität des Development Teams ausmachen.

Wenn das Development Team alle Arbeiten erledigt hat und noch genügend Zeit im Sprint verfügbar ist, können die obersten Product Backlog Items, in Absprache mit dem Product Owner, in den Sprint gezogen werden. Bei steigender Produktivität kann so die neue Geschwindigkeit ermittelt werden. Die Geschwindigkeit bestimmt die Menge der umsetzbaren Arbeiten in einem Sprint.

Folgendes sollte in einem Sprint konstant gehalten werden

- Sprint Goal
- Zusammenstellung des Teams
- Qualitätsziele

Der Scrum Master passt darauf auf, dass diese 3 Dinge konstant bleiben. Das Sprint Goal beschreibt den Umfang der Arbeit, die „Definition of Done" beschreibt den Qualitätsanspruch. Beides wird zu Beginn jedes Sprints zwischen dem Product Owner und dem Development Team neu vereinbart.

Wenn möglich, sollte das Sprint Goal und die Zusammenstellung des Teams nicht im laufenden Sprint angepasst werden. Eine Änderung bringt nur mehr Risiken. Die Einhaltung der Ziele kann nicht mehr gewährleistet werden. Unruhen entstehen und das Vertrauen kann verloren gehen.

Jede Anpassung am Team erfordert eine erneute Koordination und einen erneuten, initialen Austausch von Informationen. Dies kann unter Umständen sehr viel Zeit in Anspruch nehmen, die dann für die eigentliche Arbeit fehlt.

Die Qualitätsziele sollten ebenso nicht im laufenden Sprint angepasst werden. Eine Anhebung kann zu Mehrarbeit führen, welche vorher im Sprint Planning nicht berücksichtigt wurde. Wenn dadurch das Team nicht die zugesagten Sprint Backlog Items schafft, führt dies zu einer Verfälschung der Velocity und vor allem kann es zu Unmut im Development Team führen. Das Vertrauen, dass das Development Team sich auf die Umsetzung stürzt, kann verloren gehen. Im schlimmsten Fall werden absichtlich falsche Schätzungen abgegeben, um so einen Puffer für die Umsetzung zu erhalten, weil man dem Product Owner nicht mehr vertraut.

Ein Anpassung für den nächsten Sprint wirkt dagegen nicht so stark unterbrechend.

Sprint abbrechen

Ein Sprint kann vorzeitig abgebrochen werden. Nur der Product Owner darf dies tun. Dritte können einen Abbruch anraten. Die Entscheidung liegt aber beim Product Owner. Ein Sprint wird abgebrochen, wenn sich die Rahmenbedingungen für das Produkt zu stark geändert haben. Damit beugt der Product Owner weiteren und unnötigen Kosten vor. Ein Abbruch verbraucht Ressourcen, denn der nächste Sprint startet ganz normal mit allen Scrum Events von Neuem. Abbrüche sind eher unüblich.

Nach einem Abbruch werden alle „Done"-Backlog-Items begutachtet. Alle unvollständigen Sprint-Backlog-Einträge werden neu geschätzt und wieder in das Product Backlog aufgenommen.

Quiz

Fragen

1. Which factors should be considered when setting the length of a Sprint?

- ☐ How quickly the team arrangement can change.
- ☒ Sprints must all have the same duration throughout an organization.
- ☒ How much uncertainty over the technology there is.
- ☒ The possibility of being detached from the stakeholders.
- ☒ The capacity to go to market with a product release.

2. When can a Sprint be cancelled?

- ☐ When a significant opportunity arises for Sales.
- ☒ When the Product Owner decides is it not necessary to finish.
- ☐ When, at the end of a Sprint, they realize everything won't be done.
- ☐ When the team feels like the work is too difficult.

3. When can the Development Team stop a Sprint?

- ☐ When expectations are not understood.
- ☐ When the Product Backlog items that have been selected are not attainable.
- ☐ When the Product Owner is missing too frequently.
- ☐ When they cannot resolve a technical dependency.
- ☒ It cannot; only the Product Owner can decide to cancel a Sprint.

4. Which are feedback loops in Scrum?

- ☐ Sprint Planning
- ☒ Daily Scrum
- ☒ Sprint Review
- ☒ Sprint Retrospective

5. What is the maximum duration a Sprint can last?

- ☐ Short enough so that other business events can continue to be coordinated with development. More than a month if needed.
- ☒ Short enough that the risk level is not too high according to the Product Owner. Short enough so that other business events can continue to be coordinated with development. Less than a month.
- ☐ Short enough that the risk level is not too high according to the CEO. Less than a month.

6. When does a Sprint start?

- ☒ Right after the next Sprint Planning.
- ☐ Immediately after the previous Sprint ends.
- ☐ On Monday.
- ☐ Whenever the Product Owner feels ready.

7. When does a Sprint end?

- ☐ When all Product Backlog Items are completed.
- ☐ When the timebox elapses.
- ☐ When all tasks are finished.
- ☐ When the Product Owner says so.

8. During a Sprint, the Development Team realizes that they will not finish all expected tasks. Who should review and adapt the Sprint work?

- ☐ The Scrum Master, the Project Manager and the Development Team.
- ☐ The Product Owner and all stakeholders.
- ☒ The Product Owner and the Development Team.
- ☐ The Development Team.

9. The goal of each Sprint is to generate a done Increment of a working product.

- ☐ False
- ☒ True

10. Each good Scrum Team needs at least one Release Sprint.

- ☒ False
- ☐ True

Lösungen

1. Which factors should be considered when setting the length of a Sprint?

☐ How quickly the team arrangement can change.

Das Development Team kann angepasst werden, doch ist dies eher die Ausnahme. Durch eine konstante Zusammenstellung kann das Development Team sich einspielen und damit auch eine Steigerung der Produktivität erreichen. Die Sprintlänge wird von möglichen Risiken beeinflusst, die durch zu lange Sprintlängen entstehen könnten. Damit wird das Risiko einer Fehlentwicklung und die Abkopplung vom Markt auf die Dauer eines Sprints reduziert.

☐ Sprints must all have the same duration throughout an organization.

Die Sprintlängen im Unternehmen gleich zu halten kann sehr praktisch sein. Allerdings wiegt das Risiko im Projekt und damit im Produkt höher. Sollte es wichtig sein, schnelle Kurskorrekturen zu unternehmen, sollte die Sprintlänge entsprechend kurz gewählt werden. Dabei werden dann auch die Zeitrahmen der Events proportional angepasst, außer für das Daily Scrum. Das Daily Scrum dauert immer maximal 15 Minuten.

✔ How much uncertainty over the technology there is.

Die Dauer eines Sprints bestimmt das Risiko. Die maximale Dauer eines Sprints ist ein Monat. Damit beschränkt sich das Risiko mit Scrum auf maximal einen Monat. Wenn die zu nutzende Technologie unbekannt ist, sollte die Sprintlänge kürzer sein.

✔ The possibility of being detached from the stakeholders.

Die Sprintlänge sollte nicht zum Kontaktverlust zwischen den Nutzern und den Kunden führen, da sonst die Gefahr besteht, dass man unnötige Produktmerkmale entwickelt und Geld dabei verliert. Schlimmer ist sogar eine Entwicklung entgegen die Erwartungen der Kunden.

✔ The capacity to go to market with a product release.

Eine festgelegte Sprintlänge sollte konstant für alle Sprints gehalten werden, da ansonsten keine Planung oder Vorhersage möglich ist. Wenn das Unternehmen plant, öfters ein Release herauszugeben, dann ist es eine gute Idee, auch die Sprintlänge entsprechend anzupassen. Denn selbst wenn man vorarbeiten würde, könnten die Feedbacks der Kunden erst zu spät in das Produkt integriert werden.

2. When can a Sprint be cancelled?

☐ When a significant opportunity arises for Sales.

Der Product Owner ist für die Erreichung des maximalem Produktwerts verantwortlich. Die Verkaufsabteilung, wie jeder andere Stakeholder, ist in der Lage, Anforderungen an das Produkt zu melden. Der Product Owner alleine entscheidet im Sinne der Produktvision und nach eventuell neuen Gegebenheiten, ob diese Anforderung in das Product Backlog einfließen kann und wann diese Product Backlog Items umgesetzt werden sollen. Der Product Owner orientiert sich dabei an allen möglichen Einflüssen. Nur der Product Owner kann den Sprint unterbrechen. Er genießt das Vertrauen der Geschäftsleitung und der Auftraggeber, zu entscheiden.

✔ When the Product Owner decides is it not necessary to finish.

Der Product Owner ist verantwortlich für das Produkt. Er sorgt dafür, dass der höchste Nutzen und Wert im Produkt erreicht wird. Dazu passt er auch das Product Backlog an geänderte Umstände an. Sollte sich der Product Owner durch neue Erkenntnisse veranlasst sehen, einen Sprint abzubrechen, kann er das machen. Dabei sieht er in der Regel die Erreichung des Sprint Goals als überflüssig an. Um keine Ressourcen zu verschwenden, kann er den Sprint dann abbrechen. Dies geschieht sehr selten.

☐ When, at the end of a Sprint, they realize everything won't be done.

Jeder Sprint hat eine feste Dauer. Diese Dauer wird in der Regel nicht mehr geändert. Sollte das Development Team die entsprechenden Sprint Backlog Items innerhalb der Sprintlänge, nicht fertigstellen können, wird dieses Problem zum Thema im Sprint Review und in der Sprint Retrospective. Die daraus resultierenden Erfahrungen fließen in die nächsten Sprints ein und verbessern die Ergebnisse. Der Sprint selbst kann nur durch den Product Owner abgebrochen werden. Er wird dies nur tun, wenn eine Umsetzung der Sprint Backlog Items keinen Nutzen mehr bringt oder sich schlecht auf das Produkt auswirkt. Das ist die Stärke von Scrum. Man hat einen kleinen überschaubaren Zeitraum für die Entwicklung, den Sprint. Darin werden ausgewählte Produktmerkmale umgesetzt. Entsprechend schnell können Anpassungen für den nächsten Sprint vorgenommen werden, ohne die komplette Produktplanung zu revidieren. Aus diesem Grund sind die Product Backlog Items möglichst unabhängig voneinander.

□ When the team feels like the work is too difficult.

Das Development Team ist funktionsübergreifend aufgestellt und vereint damit alle Fähigkeiten, das Produkt zu erstellen. Sollte das Development Team feststellen, dass es nicht in der Lage ist, das Product Increment zu erstellen, so meldet es diesen Umstand dem Scrum Team. Der Product Owner entscheidet, ob er daraufhin den Sprint abbricht. Eventuell kann er mit den Ergebnissen des Development Teams leben und verschiebt die Umsetzung von nicht umsetzbaren Items auf später, wenn das Development Team die Fähigkeiten erworben hat. Der Sprint Review und die Sprint Retrospective wird dieses Problem zum Thema haben und daraus können Optimierungen resultieren. Diese Optimierungen können die nächsten Sprints erfolgreicher machen.

3. When can the Development Team stop a Sprint?

□ When expectations are not understood.

Wenn die Erwartungen an Backlog Items nicht verstanden sind, dann kann das Development Team auch keine Schätzung abgeben. Ohne Schätzung kann das Backlog Item nicht in den Sprint übernommen werden. Spätestens im Sprint Planning wäre das fehlende Verständnis für die Erwartungen an das Backlog Item aufgefallen. Ohne das Verständnis für das Backlog Item können keine Akzeptanzkriterien vereinbart werden.

□ When the Product Backlog items that have been selected are not attainable.

Hier kann das Development Team höchstens eine Empfehlung aussprechen. Eventuell reichen dem Product Owner die schon umgesetzten Backlog Items, sodass ein Abbruch nicht nötig ist und man diese speziellen, nicht umsetzbaren Items nicht umsetzen muss.

□ When the Product Owner is missing too frequently.

Ist der Product Owner selten zu erreichen, wird dies beim Sprint Review sichtbar. Die Umsetzung hängt auch davon ab, wie schnell aufkommende Fragen zu den Spezifikationen und den Backlog Items anschließend beantwortet werden. Eine Verzögerung auf die Fragen rechtfertigen keinen Abbruch. Idealerweise wird dieses Problem in der Kommunikation mit dem Team zum Thema in der Sprint Retrospective.

□ When they cannot resolve a technical dependency.

Sollte eine Backlog Item auf Grund technischer Schwierigkeiten nicht umsetzbar sein, arbeitet das Development Team an den nächsten Sprint Backlog Items. Sollte ein weiteres Arbeiten unmöglich geworden sein, dann kann das Development Team dem Product Owner einen Abbruch vorschlagen. Der Product Owner hat das letzte Wort. In der Regel sind diese Risiken bereits vorher bekannt. Der Product Owner sorgt für solche Risiken vor und hält eventuell andere Backlog Items als Backup-Plan bereit.

✔ It cannot; only the Product Owner can decide to cancel a Sprint.

Der Product Owner verantwortet das Produkt. Er sorgt dafür, dass der höchste Nutzen erreicht wird. Nur er darf einen Sprint abbrechen. Dennoch können ihm alle anderen zu einem Abbruch raten. Eventuell hat sich eine neue, sehr schwierige Situation ergeben, die einen Abbruch rechtfertigt. Das letzte Wort über einen Sprint-Abbruch hat der Product Owner, da er auch die Verantwortung für das Produkt trägt.

4. Which are feedback loops in Scrum?

□ Sprint Planning

In der Sprint Planning werden die umzusetzenden Backlog Items bestimmt. Hier wird nicht gezielt Feedback zum Produkt, Projekt oder Fortschritt erfragt.

✔ Daily Scrum

Während des Daily Scrums haben die Entwickler die Chance, die Probleme und den Fortschritt mit den anderen Entwicklern zu synchronisieren. Das kann auch Feedback sein, um den aktuellen Ablauf der Entwicklung anzupassen.

✔ Sprint Review

Im Sprint Review wird das erstellte Product Increment begutachtet. Die Entwickler erhalten Feedback über ihre Arbeit. Der Product Owner erhält Feedback zum Wert und Nutzen des Product Increments. Es werden neue Ideen ermittelt und Anregungen der Stakeholder eingeholt, die als neue Produktmerkmale in das Product Backlog einfließen können.

✔ Sprint Retrospective

Im Sprint Review erhalten die Entwickler Feedback zu der Art, wie die Arbeit gemacht wurde. In der Sprint Retrospective erhält das Scrum Team Feedback zu der Art und Weise, wie das Projekt umgesetzt wurde.

5. What is the maximum duration a Sprint can last?

□ Short enough so that other business events can continue to be coordinated with development. More than a month if needed.

Die maximale Sprintdauer liegt bei einem Monat. Dies ist ein guter Zeitraum, um ein mögliches Risiko bei geänderte Anforderungen zu berücksichtigen und nicht benötigte Umsetzungen zu vermeiden. Gleichzeitig bringt die maximale Dauer genügend Ruhe in die Entwicklung.

✔ Short enough that the risk level is not too high according to the Product Owner. Short enough so that other business events can continue to be coordinated with development. Less than a month.

Sprints sind auf maximal 4 Wochen beschränkt. Wenn der Zeitrahmen eines Sprints zu groß gewählt wird, kann sich die Definition des Ergebnisses ändern, die Komplexität ansteigen und sich das Risiko erhöhen. Sprints ermöglichen eine Vorhersagbarkeit, indem sie mindestens einmal im Monat eine Überprüfung und Anpassungen des Fortschritts in Richtung eines Sprint Goals ermöglichen. Sprints reduzieren das Kostenrisiko auf einen Monat.

□ Short enough that the risk level is not too high according to the CEO. Less than a month.

Die Verantwortung über das Produkt trägt der Product Owner. Er wählt einen Zeitraum, der seinen Bedürfnissen und den Risiken im Projekt entspricht. Aber nicht länger als ein Monat.

6. When does a Sprint start?

□ Right after the next Sprint Planning.

Die Sprint-Planung gehört zum Sprint. Warten bis zum Ende der nächsten Sprint-Planung würde eine zuverlässige Release-Planung erschweren, denn unter Umständen vergehen mehrere Tage zwischen Sprint Retrospective und dem folgenden Sprint Planning. Unterbrechungen bringen das Team aus dem „Drive" und reduzieren die Produktivität.

✔ Immediately after the previous Sprint ends.

Die Sprints reihen sich nahtlos aneinander. Sobald die Sprint Retrospective als letztes Event im Sprint erfolgte, startet der nächste Sprint. Das Auslassen der Retrospective führt zum nächsten Sprint, ist aber nicht empfohlen.

□ On Monday.

Das Beginnen an einem festen Wochentag hat keinen Sinn und erschwert die Arbeit. Feiertage und andere zeitliche Probleme können damit nicht berücksichtigt werden. Unter Umständen würde damit auch die Sprintlänge ständigen Schwankungen unterworfen, was eine Planung unmöglich macht.

□ Whenever the Product Owner feels ready.

Der Product Owner sollte seine Product Backlog Items „Ready" haben und die Planung unmittelbar nach der Sprint Retrospective abhalten. Der Zeitrahmen für den Sprint bleibt gleich. Sollten lange Pausen zwischen den Events entstehen, spiegelt sich dies in der Velocity des Development Teams wieder. Die Produktivität im Sprint sinkt, da man weniger Zeit zur Verfügung hat.

7. When does a Sprint end?

□ When all Product Backlog Items are completed.

Wenn das Team schneller als erwartet ist oder sich stark verschätzt hat, kann es weitere Einträge aus dem Product Backlog erhalten. Dies geschieht in Abstimmung mit dem Product Owner. Damit kann man auch die neue Geschwindigkeit bestimmen und beim nächsten Sprint als Ausgangswert nehmen. Der Sprint endet, auch wenn nicht alle Backlog Items abgearbeitet werden konnten. Gerade am Anfang und auch später werden hin und wieder zu viele Backlog Items in einen Sprint übernommen. Die Anzahl der Items für einen Sprint wird anhand der Schätzung des Development Teams vorgenommen. Da es sich um Schätzungen handelt, können diese ungenau sein und eine Abweichung der tatsächlich benötigten Zeit bewirken.

✔ When the timebox elapses.

Der neue Sprint beginnt, sobald die Timebox, also der Zeitrahmen für den Sprint, abgelaufen ist. Der Sprint kann nicht verlängert werden. Die Timebox liegt fest und bestimmt die Dauer für den Sprint. Das Scrum Team sorgt dafür, dass die Scrum Events innerhalb des Sprints statt finden. Der Scrum Master überwacht die Einhaltung.

□ When all tasks are finished.

Unabhängig von der geleisteten Arbeit oder von den noch offenen Tätigkeiten endet der Sprint nach der vorab festgelegten Dauer. Die Länge des Sprints wird in der Regel zu Beginn festgelegt und soll Verzögerungen verhindern. Damit wird ein stetiges Voranschreiten forciert, auch wenn es kleine Schritte sind.

□ When the Product Owner says so.

Nur der Product Owner kann einen Sprint abbrechen. Ein frühzeitiges Beenden des Sprints zerstört jegliche Release-Planung und verhindert eine realistische Einschätzung der Geschwindigkeit des Development Teams. Eine Stärke von Scrum ist die Ruhe, die in die Entwicklung gebracht wird. Festhalten an Sprintlängen und die Selbstverwaltung des Development Teams fördern eine produktivere Umgebung und liefern bessere Ergebnisse.

8. During a Sprint, the Development Team realizes that they will not finish all expected tasks. Who should review and adapt the Sprint work?

□ The Scrum Master, the Project Manager and the Development Team.

Der Projektmanager hat keine entsprechende Rolle in Scrum. Vielmehr ist der Product Owner auch Projektmanager, da er die Release-Planung des Produkts verantwortet. Das Development Team organisiert sich selbst und übernimmt die Planung für die Umsetzung der einzelnen Sprint-Backlog-Einträge. Der Scrum Master ist der Moderator vom Scrum Team. Er wacht über die Einhaltung der Scrum-Regeln und moderiert bei Bedarf die Sprint Events. Der Scrum Master hat keinen Einfluss auf das Produkt oder auf die umzusetzenden Backlog Items. Der Product Owner verantwortet das Produkt und den zu erzielenden Nutzen im Produkt. Der Product Owner berät sich mit dem Development Team darüber, welche Items im Sprint umgesetzt werden können.

□ The Product Owner and all stakeholders.

Die Stakeholder haben oft einen großen Einfluss auf den Produktnutzen. Sie bestimmen die entsprechenden Anforderungen, da das Produkt auf Ihre Bedürfnisse hin erstellt wird. Die Stakeholder übertragen die Verantwortung für die Erreichung eines entsprechenden Produktziels an den Product Owner. Sie vertrauen darauf, dass er die entsprechenden Entscheidungen vornehmen kann. Die Stakeholder sind nicht Teil des Scrum Teams und nehmen entsprechend auch nicht an Planungsmeetings teil, in welchen die Sprint Backlog Items angepasst werden. Das Development Team hilft dem Product Owner bei den Entscheidungen durch Einschätzungen und Analysen.

✔ The Product Owner and the Development Team.

Eine erneute Schätzung von Backlog Items wird gemeinsam mit dem Product Owner und dem Development Team durchgeführt. Es gleicht einer erneuten Planung. Nur der Product Owner bestimmt den Produktnutzen. Er muss dafür sorgen, dass das Produkt den geforderten Anforderungen entspricht und er bestimmt auch, wann diese Anforderungen umgesetzt werden sollen. Damit er aber entscheiden kann, welches Item aus dem Sprint Backlog entfernt werden kann, benötigt er das Development Team. Das Development Team kann ihm eine Einschätzung geben, ob und wann das entsprechende Backlog Item umgesetzt werden kann. Die Empfehlung des Development Teams kann er dazu nutzen, die Priorisierung der Backlog Items anzupassen und Items wieder in das Product Backlog zurückzuführen.

☐ The Development Team.

Das Development Team erkennt, dass die Umsetzung aller übernommenen Sprint Backlog Items nicht mehr realistisch ist und informiert den Product Owner rechtzeitig. Nur der Product Owner verantwortet den tatsächlichen Produktnutzen. Der Product Owner bestimmt die Backlog Items, welche den höchsten Nutzen im aktuellen Sprint bringen und welche Items in Bezug auf die verfügbare Kapazität umgesetzt werden können. Dazu braucht er die Einschätzung des Developement Teams.

9. The goal of each Sprint is to generate a done Increment of a working product.

☐ False

✔ True

Jeder Sprint kann wie ein eigenständiges Projekt angesehen werden. Das Projektziel für jeden Sprint ist ein entsprechendes (Teil-)Produkt, das Product Increment. In der Regel sollte das Increment potenziell auslieferbar sein. Um zu bestimmen, was auslieferbar bedeutet, werden die Anforderungen an den „Done"-Status durch den Product Owner bestimmt. Damit der Product Owner entscheiden kann, ob das Sprint Goal erreicht ist, prüft er das Increment anhand der umgesetzten Items aus dem Sprint Backlog. Dabei wird geprüft, ob die Anforderungen für die Umsetzung der einzelnen Backlog Items erfüllt sind. Diese Anforderungen sind die „Done"-Kriterien.

10. Each good Scrum Team needs at least one Release Sprint.

✔ False

Es gibt keine speziellen Sprints. Die Sprints dienen der Umsetzung von Sprint Backlog Items. Diese fügen dem Product Increment einen Wert hinzu. Jeder Sprint liefert ein potenziell auslieferbares Produkt – das Product Increment. Deshalb wird kein eigener Release Sprint benötigt.

□ True

Scrum Event: Sprint Planning

Kurzbeschreibung

- Planung der Arbeit für den laufenden Sprint
- Maximaldauer 8 Stunden für einen 4 Wochen langen Sprint
- Mögliche Moderation durch den Scrum Master
- Klärt, was das Product Increment enthalten soll
- Klärt, welche Arbeit für die Lieferung des Product Increments erforderlich ist

Der im Sprint erstellte Plan für die Umsetzung ist Teamarbeit des ganzen Scrum Teams. Es initiiert den Sprint, indem es die auszuführenden Arbeiten im Sprint darlegt.

Der Product Onwe stellt sicher, dass die Teilnehmer vorbereitet sind die wichtigsten Produkt Backlog Items besprechen zu können. Er stellt auch sicher, dass alle verstehen, wie dieser Sprint zum Product Goal (Produktziel) passt.

Das Scrum Team kann weiter Personen zur Sprint Planning einladen, die Rat zur Umsetzung geben können.

Ist das Backlog Item „Ready"?

Bevor ein Backlog Item in den Sprint übernommen werden kann, muss es „Ready" sein.

Der Zustand „Ready" für ein Backlog Item bedeutet, dass alle Arbeiten und Teilaufgaben bei der Schätzung berücksichtigt wurden. Damit soll gewährleistet werden, dass eine Arbeit erst dann als fertig gilt, wenn alle geschätzten Tätigkeiten auch tatsächlich abgeschlossen sind.

Diese Tätigkeiten können Arbeiten und Teilarbeiten beinhalten. Dazu können Aufwände für Komponententests zählen, genauso wie Codereviews, ein Refactoring, automatisierte Tests und natürlich auch die eigentliche Umsetzung selbst.

Durch die transparente Vereinbarung des Zustands „Ready", ist jedem klar, welche Arbeiten umgesetzt werden müssen.

Tests sind wichtig. Ebenso das Refactoring. Sollten diese Teilaufgaben entfallen, werden höchstwahrscheinlich später mehr Aufwände für Erweiterungen und die Behebungen von Fehler anfallen.

Welche Teilaufgaben wirklich dazu gehören, entscheidet oft die Organisationsstruktur und auch das Team selbst.

Die drei Themen der Sprint Planning

1. Warum ist dieser Sprint wertvoll?
2. Was kann in diesem Sprint umgesetzt („Done") werden?
3. Wie werden die ausgewählten Arbeiten umgesetzt?

Warum ist dieser Sprint wertvoll?

Der Product Owner schlägt vor, wie das Produkt seinen Wert und Nutzen mit diesem Sprint steigern wird. Das ganze Scrum Team erarbeitet ein Sprint Goal, welches den Wert des Sprints den Stakeholder demonstriert. Dies muss bis zum Ende der Sprint Planning erfolgen.

Was kann in diesem Sprint umgesetzt („Done") werden?

In Diskussion mit dem Product Owner und dem Development Team werden Product Backlog Items für den aktuellen Sprint ausgewählt. Das Scrum Team kann auch noch die Backlog Items dafür anpassen, um das Verständnis der Anforderungen zu verbessern und das Vertrauen die Umsetzbarkeit zu steigern.

Das Bestimmen der möglichen und umsetzbaren Backlog Items für den Sprint wird mit dem laufenden Projekt und mit wachsender Erfahrung einfacher.

Wie werden die ausgewählten Arbeiten umgesetzt?

Hier werden die Sprint Backlog Items in Tasks aufgebrochen. Dabei wird auch darauf geachtet, dass das erstellte Product Increment der Definition of Done entspricht.

Es kann durchaus nötig sein, einzelne Tasks in kleinere aufzubrechen, die an einem Tag oder schneller umgesetzt werden können. Ein Task sollte nicht länger als ein Tag dauern. Dies dient auch dem Risikomanagement, da damit Verzögerungen und Probleme schneller erkannt und kommuniziert werden können.

Zwei Phasen der Planung

Das Sprint Planning wird in **2 Phasen** eingeteilt. In der ersten Phase schildert der Product Owner welchen Wert und Nutzen dieser Sprint dem Produkt bringen soll. Dann erklärt er die Product Backlog Items. Das Development Team übernimmt so viele Product Backlog Items in sein Sprint Backlog, wie es glaubt, umsetzen zu können. Dazu ist ein genaues Verständnis der Backlog Items nötig.

Im Sprint Planning wird die Arbeit für den anstehenden Sprint geplant. Das Scrum Team erarbeitet gemeinsam den Umfang und die benötigten Produktfeatures für den Sprint. Das Sprint Planning ist auf maximal 8 Stunden für einen Sprint mit der Länge von einem Monat begrenzt. Bei kürzeren Sprints reduziert sich der Zeitbedarf, also auf 4 Stunden für einen Sprint mit der Länge von einem halben Monat.

Der Termin für das Sprint Planning Event kann nach Absprache mit dem Scrum Team vom Product Owner oder vom Development Team festgelegt werden. Der Scrum Master stellt sicher, dass ein Sprint Planning durchgeführt wird. Durch entsprechende Scrum-Schulungen wird sichergestellt, dass alle Teilnehmer den Zweck des Sprint Plannings verstehen.

Beim Sprint Planning kann der Scrum Master als Moderator hilfreich sein. Der Scrum Master unterweist das Team, die Planung innerhalb der Timebox abzuhalten. Nur das Development Team darf einschätzen, wie viele Product Backlog Items im Sprint umgesetzt werden können.

Hauptziele des Sprint Plannings

1. Planung der Inhalte des Product Increments für den Sprint (vormals Sprint Planning 1)
2. Planung der Aufgaben für die erforderlichen Arbeiten (vormals Sprint Planning 2)

Ziel 1: Planung der Inhalte des Sprints (vormals Sprint Planning 1)

Beteiligte im Meeting

- Product Owner
- Development Team
- Scrum Master
- Optional eingeladene Personen

Eingangswerte für das Meeting

- Product Backlog
- Letztes Product Increment
- Kapazität des Development Teams für den Sprint
- Durchschnittliche Geschwindigkeit des Development Teams

Ergebnis nach dem Meeting

- Schätzungen von Product Backlog Items, die für den Sprint benötigt werden
- Sprint Goal
- Sprint Backlog Items

Der Product Owner erklärt sein Ziel für den Sprint. Das ganze Scrum Team erarbeitet ein Verständnis über die Inhalte des Sprints. Das Development Team prognostiziert die erreichbaren Funktionalitäten für den Sprint, indem es die entsprechenden

Backlog Items in das Sprint Backlog übernimmt. Die Auswahl der Product Backlog Items in den Sprint Backlog wird durch die Zielvorgabe gelenkt.

Ziel 2: Planung der Arbeit für den Sprint (vormals Sprint Planning 2)

Beteiligte

- Development Team
- Scrum Master
- Optional eingeladene Personen

Eingangswerte für das Meeting

- Sprint Backlog
- Sprint Goal
- Definition of Done

Ergebnis nach dem Meeting

- Plan für die Umsetzung der Sprint Backlog Items
- Erste Arbeiten für die Umsetzung der Sprint Backlog Items
- Benötigte Arbeitsschritte für die notwendigen Arbeiten

Das Development Team bricht die Sprint Backlog Items in notwendige Arbeitsschritte auf. Es müssen nicht alle notwendigen Arbeiten sofort herausgearbeitet werden. Jedoch sollten genug Arbeiten in das Sprint Backlog gelegt werden, dass das Development Team die ersten Tage im Sprint arbeiten kann, mindestens genug für die ersten 24 Stunden.

Die notwendigen Arbeiten können gegebenenfalls erneut in kleinere Einheiten zerlegt werden. Die kleineren Einheiten haben oft eine Größe von einem Tag oder weniger. Die einzelnen Arbeitsschritte werden keinem Entwickler direkt zugewiesen. Die Entwickler nehmen sich die Arbeit, sobald Sie damit beginnen können.

Der Product Owner kann bei Unklarheiten helfen, das notwendige Verständnis zu übermitteln, welches für die Umsetzung gebraucht wird. Eventuell geht der Product Owner bei diesen Gesprächen Kompromisse ein. Das Development Team kann auch externe Experten zum Meeting hinzuziehen, um technische oder fachliche Unterstützung zu erhalten.

Da das Development Team sich selbst organisiert, entscheidet es auch über die Art der Umsetzung. Diese Entscheidungen lehnen sich an das Produktziel, Sprint Goal, „Definition of Done" und andere vorherrschende Gepflogenheiten in der Organisation.

Das Development Team ist nach dem Sprint Planning in der Lage, dem Product Owner und dem Scrum Master zu erklären, wie es beabsichtigt, die Erstellung des anstehenden Product Increments zu realisieren.

Quiz

Fragen

1. **As the Sprint Planning meeting advances, the Development Team realizes the workload is more than they can take on. Which of the following are appropriate actions to take?**

☒ Eliminate or adjust selected Product Backlog items.

☒ The Development Team alerts the Product Owner. They start the Sprint and monitor development.

☐ Terminate the Sprint.

☐ Add additional Development Team members.

2. **What is the timebox for the Sprint Planning meeting?**

☐ 4 hours.

☐ However long it takes.

☒ For a monthly Sprint, 8 hours. Others Sprints are generally shorter.

☐ Monthly.

Lösungen

1. As the Sprint Planning meeting advances, the Development Team realizes the workload is more than they can take on. Which of the following are appropriate actions to take?

✔ Eliminate or adjust selected Product Backlog items.

Für das Sprint Planning wird die mögliche Kapazität des Development Teams ermittelt. Diese Kapazität schränkt die Aufnahme von Backlog Items für den Sprint ein. Jedes Backlog Item für den Sprint ist durch das Development Team geschätzt worden. Dadurch kann leicht ermittelt werden, wie viel Kapazität noch verfügbar ist. Der Product Owner und das Team bemühen sich, die Kapazität optimal zu nutzen. So können ausgewählte Backlog Items noch angepasst werden. Die Anpassung der Sprint Backlog Items erfolgt im Sprint Planning.

□ The Development Team alerts the Product Owner. They start the Sprint and monitor development.

Wenn die Kapazität schon von an Anfang an überschritten wird, ist eine weitere Aufnahme von Backlog Items kontraproduktiv. Das Team fühlt sich übergangen und der Eigenverantwortung beraubt. Das Misstrauen in Schätzungen des Development Teams wird dadurch deutlich gemacht. Dieser Zustand führt zu Resignation und Unmut, und damit auch zu einer Reduzierung der Produktivität. Das Sprint Backlog gehört dem Development Team. Es nimmt nur so viele Sprint Backlog Items auf, wie es glaubt, im Sprint umsetzen zu können. Ein zusätzlicher Leistungsdruck führt nur zu Problemen im Scrum Team.

□ Terminate the Sprint.

Nur der Product Owner kann den Sprint abbrechen. Er tut dies nur sehr selten. Es muss ein sehr wichtiger Grund vorliegen, welche die Fortführung des Sprints mit den aktuell ausgewählten Sprint Backlog Items nicht mehr erlaubt. Der Abbruch erfolgt nach dem Sprint Planning. Nun ist bekannt, welche Sprint Backlog Items besser nicht umgesetzt werden sollten, da die neuen Umstände eine negative Auswirkung auf das Increment haben.

□ Add additional Development Team members.

Weitere Entwickler für das Development Team innerhalb der optimalen Größe von 8 oder weniger Personen sind möglich. Die maximale Zahl von 10 Personen im Scrum Team (Scrum Master, Product Owner und das Development Team) ist jedoch nur eine Richtlinie. Das Scrum Team muss die maximale Mitgliederzahl selbst bestimmen. Doch sollte auch schon wegen der Koordination eine fixe Größe für das Development Team eingehalten werden. Das Development Team spielt sich mit der Zeit ein. Die Schätzungen sowie Planungen begründen sich darauf. Eine Anpassung nach jedem Sprint ist schlecht für das Development Team. Eine zuverlässige Prognose für das Produkt ist nicht mehr möglich und die Release-Planung ist gefährdet. Durch eine dauernde Anpassung des Development Teams werden hohe Risiken eingebracht.

2. What is the timebox for the Sprint Planning meeting?

□ 4 hours.

Früher war das Scrum Planning in zwei Events eingeteilt – Sprint Planning 1 und Sprint Planning 2. Jedes Planungsmeeting eines ein Monat langen Sprints war mit maximal 4 Stunden angesetzt. Der neue Scrum Guide sieht nur noch ein Sprint Planning mit einer maximalen Dauer von 8 Stunden vor.

□ However long it takes.

Das Konzept der Timebox soll verhindern, dass zu viel Zeit mit der Planung verbracht wird. Durch das Einhalten der maximal vorgesehenen Dauer wird eine produktive Mindestdauer geschaffen. Das Sprint Planning kann früher enden, aber nicht 8 Stunden überschreiten, wenn der Sprint eine Länge von 4 Wochen hat.

✔ For a monthly Sprint, 8 hours. Others Sprints are generally shorter.

Die maximale Zeitbox für das Sprint Planning beträgt 8 Stunden für einen Sprint mit der Länge eines Monats. Wenn das Meeting weniger Zeit beansprucht, kann es verkürzt werden. Das Sprint

Planning ist Bestandteil des Sprints. Die Zeit für die Umsetzung der Sprint-Backlog-Einträge ist die Differenz der Sprintlänge und der benötigten Zeit für die Events.

□ Monthly.

Das Sprint Planning darf höchstens 8 Stunden dauern, wenn der Sprint eine Länge von einem Monat hat. Die Planung erfolgt als Event innerhalb des Sprints. Die Umsetzung erfolgt unmittelbar im Anschluss daran.

Sprint Goal

Kurzbeschreibung

- Definiert den Arbeitsumfang
- Richtlinie für Entscheidungen während des Sprints
- Darf nicht angepasst werden
- Liefert Fokussierung
- Ermuntert das Scrum Team zusammen zuarbeiten

Das Sprint Goal beschreibt den zu liefernden Wert im Sprint. Es enthält den Umfang der Arbeit. Der Product Owner beschreibt das Ziel für den anstehenden Sprint. Wenn das Development Team alle zu erbringenden Backlog Items für den Sprint geschätzt hat, dann kann das Scrum Team ein Sprint Goal formulieren. Das Sprint Goal erkennt das Development Team, warum es dieses Product Increment erstellt. Es stellt das Ziel und Mission dar und bietet damit die übergeordnete Vision für den Sprint.

Am Sprint Goal gemessen ist es einfacher zu entscheiden, welches Product Backlog Item in den Sprint aufgenommen werden sollte. Die ausgewählten Backlog Items bilden eine zusammenhängende Funktionalität oder Richtung. Abweichend einer gemeinsamen Funktionalität kann das Sprint Goal auch ein anderes verbindendes Ziel sein. Das Sprint Goal wird im Sprint Planning endgültig definiert und dient als Maßstab für den Erfolg des Sprints. Zusätzlich soll das Sprint Goal das Development Team zur Zusammenarbeit motivieren.

Das Sprint Goal hilft bei der Planung für die Umsetzung der Sprint Backlog Items. Das Development Team kann nun anhand des Sprint Goals Entscheidungen über die benötigten Tätigkeiten für die Umsetzung der einzelnen Sprint Backlog Items treffen. Es dient dem Development Team als übergeordnete Richtung.

Sollte das Development Team im Sprint merken, dass die Umsetzung der Sprint Backlog Items nicht mehr zu schaffen ist, dann hilft das Sprint Goal bei der erneuten Priorisierung. Das Development Team vereinbart zusammen mit dem Product Owner die Anpassungen der Sprint Backlog Items. Der Product Owner priorisiert die vorhandenen Sprint Backlog Items, um den höchstmöglichen Produktnutzen zu realisieren.

Das Sprint Goal wird durch die Umsetzung der Sprint Backlog Items erreicht. Das Sprint Goal ist kein Artefakt.

Abgrenzung zum Scope

Im klassischen Projektmanagement soll man den Scope angeben, um für die Projekt-Charter auch die entsprechenden Gründe und Abgrenzungen zu erhalten. Wenn dann das Projekt aus dem Scope läuft, dann beendet man das Projekt.

Im agilen Projektmanagement ist dies gerade die Stärke. Der Scope ist, wenn überhaupt, nur grob gegeben. Eher als Vision und Mission. Denn hier hilft das Moving Target Prinzip. Die Stakeholder beschreiben den Scope des Produkts dauernd neu. Erweitern diesen oder verkleinern den auch, wenn sich herausstellen sollte, dass bestimmte Produktfeatures nicht mehr benötigt werden.

Zu den Sprints wird dann das Sprint Goal definiert. Dies könnte man als Sprint Scope bezeichnen. Ein Scope beschreibt ja den eingeschlossenen Umfang. Wenn wir dies nun auch das einzelne Backlog Item brechen, dann ist der Scope, was für die Erreichung von "Done" nötig ist.

Nochmal, da das Sprint Goal oft am Anfang schwer zu fassen ist

Oft wird das Sprint Goal auch als Satz formuliert. Zum Beispiel: „Wir schaffen die Datenanbindung an das Backend, um davon Kundendaten zu lesen".

Jetzt ist es für alle einfacher. Alle wissen um was es geht.

Der Product Owner wählt die Items aus, die zum Ziel passen. Das Development Team denkt bei der Umsetzung an die Zielsetzung: *Lesen vom Backend.* Und macht keine unnötigen Extraarbeiten.

Quiz

Fragen

1. Which of the following is created during Sprint Planning and gives the Development Team an objective and a principal focus for the Sprint?

- ☐ The Sprint Backlog.
- ☐ Sprint Review notes.
- ☐ The Release Plan.
- ☐ The Sprint Goal.

2. When is a Sprint Goal produced?

- ☐ It must be created before Sprint Planning.
- ☐ During Sprint Planning.
- ☐ At any point during the Sprint.
- ☐ It should have been established in the previous Sprint when adjusting the Product Backlog.
- ☐ A Sprint Goal is not required in Scrum.

3. The Sprint Goal, like the Sprint Backlog, is the outcome of Sprint Planning.

- ☐ True
- ☐ False

4. During a Sprint, the Development Team should not be interrupted and the goal of the Sprint should stay the same. This environment promotes creativity, quality and productivity. With this in mind, which of the following is FALSE?

- ☑ The Product Owner may refine or adjust the Sprint if the Development Team requests he/she do so.
- ☐ As a breakdown of the specific items on the Product Backlog, the Sprint Backlog can change and grow as work arises.
- ☐ The Development Team can collaborate with the Product Owner to eliminate or add work if according to its workload capacity.
- ☑ The Sprint Backlog is created in the Sprint Planning meeting and must remain unchanged during the Sprint.

Lösungen

1. Which of the following is created during Sprint Planning and gives the Development Team an objective and a principal focus for the Sprint?

□ The Sprint Backlog.

Das Sprint Backlog wird im Sprint Planning begonnen, nicht komplett fertig gestellt. Es enthält die umzusetzenden Backlog Items, mit denen das Development Team die Umsetzung plant. Es erfasst die notwendigen Arbeiten und aktualisiert den Fortschritt der Arbeiten an den Backlog Items. Dazu nutzt es das Sprint Backlog. Die notwendigen Arbeiten werden oft erst während der Entwicklung genauer bestimmt. Die Backlog Items sind für den Sprint fest, die Arbeiten werden entsprechend im Laufe der Arbeit hinzugefügt.

□ Sprint Review notes.

Ein Protokoll für das Sprint Review ist nicht vorgeschrieben. In der Regel begutachten das Scrum Team und die wichtigen Stakeholder das Product Increment. Dabei werden neue Eindrücke und Anregungen für weitere Produktfeatures gesammelt. Der Product Owner erstellt entsprechend Product Backlog Items und bestimmt dessen Priorität im Product Backlog.

□ The Release Plan.

Der Release-Plan ist ein Hilfsmittel für den Product Owner. Er plant die Umsetzung für Produktmerkmale und berechnet einen möglichen Termin für die Fertigstellung. Dennoch können neue Umstände eine Anpassung nötig machen. Der Release-Plan gibt die Richtung für das gesamte Produkt vor. Die Umsetzung des Release-Plans wird in mehreren Sprints vorgenommen. Der Sprint wird also nicht direkt durch den Release-Plan selbst bestimmt. Vielmehr leitet der Product Owner ein Sprint Goal daraus ab. Er übergibt eine Auswahl an Backlog Items in den Sprint.

✔ The Sprint Goal.

Das Sprint Goal ist die übergeordnete Mission für den Sprint. Anhand des Sprint Goals kann das Development Team seine Entscheidungen bezüglich der Umsetzung steuern.

2. When is a Sprint Goal produced?

□ It must be created before Sprint Planning.

Das Sprint Goal wird während des Sprint Plannings formuliert. Es entsteht durch die Auswahl der umzusetzenden Product Backlog Items für den Sprint.

✔ During Sprint Planning.

Nachdem das Development Team die Backlog Items für den Sprint übernommen hat, wird das Sprint Goal festgelegt. Das Sprint Goal wird im Sprint durch die entsprechende Umsetzung der Backlog Items erreicht. Das Sprint Goal hilft dem Development Team zu klären, wie die Umsetzung der Sprint Backlog Items erfolgen soll.

□ At any point during the Sprint.

Das Sprint Goal dient dem Development Team als Leitlinie, die Sprint Backlog Items umzusetzen. Es hilft bei der Planung der notwendigen Schritte, um die Umsetzung zu ermöglichen. Somit muss das Sprint Goal vor der Entwicklungsarbeit formuliert sein. Das Sprint Goal wird während des Sprint Plannings festgelegt.

□ It should have been established in the previous Sprint when adjusting the Product Backlog.

Das Sprint Goal wird durch die Auswahl der umzusetzenden Product Backlog Items für den Sprint bestimmt. Die umsetzbare Menge an Product Backlog Items wird durch die verfügbare Kapazität und der zu erwartenden Geschwindigkeit des Development Teams bestimmt. Diese kann erst beim Sprint Planning bestimmt werden. Die Refinement-Meetings finden im laufenden Sprint statt. Dazu kann der Product Owner die Product Backlog Items jederzeit neu priorisieren, um angepassten Umständen zu entsprechen.

□ A Sprint Goal is not required in Scrum.

Ein Sprint Goal leitet das Development Team bei Entscheidungen rund um die Umsetzung der Sprint Backlog Items. Es wird während des Sprint Plannings erstellt.

3. The Sprint Goal, like the Sprint Backlog, is the outcome of Sprint Planning.

✔ True

Der Product Owner kommt mit einem Ziel in die Planung. Nachdem alle Backlog Items geschätzt sind, die im Sprint umgesetzt werden sollen, formuliert das Scrum Team ein Sprint Goal. Dieses ursprüngliche Sprint Goal kann in der Planung angepasst werden. Damit ist es ein Ergebnis des Sprint Plannings. Es ist kein Artefakt. Das Sprint Backlog repräsentiert das Sprint Goal. Die Arbeit für den zu liefernden Nutzen wird durch die entsprechenden Einträge sichtbar.

□ False

4. During a Sprint, the Development Team should not be interrupted and the goal of the Sprint should stay the same. This environment promotes creativity, quality and productivity. With this in mind, which of the following is FALSE?

□ The Product Owner may refine or adjust the Sprint if the Development Team requests he/she do so.

Es kann durchaus vorkommen, dass im Sprint neue Fragen bezüglich der Sprint Backlog Items aufkommen. Das Development Team kann diese mit dem Product Owner klären und die Aktivitäten für die Erreichung des Sprint Goals anpassen.

□ As a breakdown of the specific items on the Product Backlog, the Sprint Backlog can change and grow as work arises.

Es ist möglich, dass eine Aufteilung eines Sprint Backlog Items in Aktivitäten weitere zusätzliche Arbeiten offenbaren. Diese Aktivitäten können umgesetzt werden, auch wenn diese bei der ursprünglichen Planung und Schätzung nicht berücksichtigt wurden. Das Sprint Goal steht hierbei im Vordergrund. Diese Neuerungen erweitern den Erfahrungsschatz des Development Teams und ermöglichen bessere Schätzungen für die folgenden Sprints.

- ☐ The Development Team can collaborate with the Product Owner to eliminate or add work if according to its workload capacity.

Das Development Team sollte den Product Owner früh über erkannte Verzögerungen oder Änderungen der Kapazitäten informieren. Somit kann der Product Owner entscheiden, welche Sprint Backlog Items unwichtiger sind und den Scope (Umfang) für den Sprint reduzieren. Sollte mehr Kapazität vorhanden sein als erwartet, kann der Product Owner bereits die nächsten Product Backlog Items aufbereiten, damit diese eventuell in den Sprint gezogen werden können.

- ✔ The Sprint Backlog is created in the Sprint Planning meeting and must remain unchanged during the Sprint.

Das ist eine kniffelige Frage, welche das tiefe Verständnis abprüft. Es enthält eine Verneinung und das Sprint Backlog, was oft mit der Unveränderlichkeit des Sprint Goals an sich verwechselt wird.

Das Sprint Goal sollte konstant bleiben. Damit sind die Sprint Backlog Items gemeint. Jedoch werden die Backlog Items in Tasks aufgebrochen. Damit verändert sich das Sprint Backlog ständig, nur das Sprint Goal nicht. Wenn das Development Team vor dem Sprintende alle Sprint Backlog Items umgesetzt hat, kann das Team, in Koordination mit dem Product Owner, weitere Product Backlog Items in den laufenden Sprint übernehmen. Nach einiger Zeit wird das Development Team immer produktiver und steigert damit auch seine Geschwindigkeit.

Scrum Event: Daily Scrum

Kurzbeschreibung

- Täglich
- Timebox von maximal 15 Minuten
- Planung der nächsten 24 Stunden
- Idealerweise immer um die gleiche Uhrzeit und am gleichen Ort

Gute Gründe für das Daily Scrum

- Verbessert die Kommunikation
- Identifiziert Hindernisse
- Fördert die schnelle Entscheidungsfindung
- Eliminiert den Bedarf an andere Meetings

Beteiligte im Meeting

- Development Team
- Product Owner (wenn als Mitarbeiter an Items tätig)
- Scrum Master (optional, oder als Mitarbeiter an Items)

Eingangswerte für das Meeting

- Sprint Backlog
- Impediments

Ergebnis nach dem Meeting

- Aktualisierte Sprint Backlog Items
- Aktualisierte Sprint-Backlog-Arbeiten
- Aktualisierte Impediment-Liste

- Synchronisierte Teamaktivitäten

3 leitende Fragen für jedes Development-Team-Mitglied

- Was habe ich gestern getan, das dem Development Team half das Sprint Goal zu erreichen?
- Was werde ich heute erledigen, um dem Development Team zu helfen weiterhin das Sprint Goal zu erreichen?
- Sehe ich Probleme oder Hindernisse (Impediments), die mich oder das Development Team vom Erreichen des Sprint Goals abhalten könnten?

Diese Fragen müssen nicht wörtlich eingesetzt werden. Vielmehr dienen diese Fragen als Leitfaden für das Daily Scrum. Die Fragen dienen als Struktur für den Inhalt der Themen des Developers. Wenn der Product Owner oder Scrum Master ebenfalls an Sprint Backlog Items arbeiten, dann nehmen die beiden Personen in der Developer-Rolle am Daily Scrum teil.

Das Daily Scrum ist auf maximal 15 Minuten beschränkt. Das Meeting wird jeden Tag abgehalten und dient der Synchronisierung und Planung der nächsten 24 Stunden. Das Development Team überprüft im Daily Scrum seinen Fortschritt. Es benennt die nächsten abzuarbeitenden Tasks. Dabei wird auch gleich der Trend erfasst. Dies kann in einem Chart erfolgen (Burndown-Chart). Der Scrum Master sorgt dafür, dass das Meeting stattfindet, er muss aber nicht unbedingt dabei sein. Das Development Team führt das Meeting durch.

Der Trend hilft, besser zu erkennen, ob alles noch im Zeitplan für das Erreichen des kompletten Sprint Goals ist. So kann rechtzeitig, gemeinsam mit dem Product Owner, eine Anpassung der Prioritäten im Sprint Backlog erfolgen. Auch kann damit eine frühzeitige Beendigung der Arbeiten erkannt werden und der Product Owner kann schon die nächsten Product Backlog Items erarbeiten, welche nach dem Erreichen des Sprint Goals umgesetzt werden könnten.

Die Synchronisierung erfolgt durch die Überprüfung der Arbeiten seit dem letzten Daily Scrum und der Prognose der anstehenden

Arbeit bis zum nächsten Daily Scrum. Dies erhöht die Wahrscheinlichkeit für die Erreichung des Sprint Goals. Die tägliche Synchronisierung ist ein wichtiger Teil der Selbstorganisation, da das Development Team sich hiermit abstimmen kann.

Das Daily Scrum ist nicht das einzige Meeting, um den Sprint Plan zu aktualisieren. Das Development Team trifft sich im Laufe des Tages und passt den Plan an, um die restlichen Arbeiten im Sprint zu planen.

Das Daily Scrum ist keine Diskussionsrunde. Es fokussiert die nächsten Schritte. Detaillierte Diskussionen, Abstimmungen und Planungen für die Umsetzung der nächsten Schritte können im Anschluss gemacht werden. So können die anderen Teammitglieder bereits weiterarbeiten. So organisiert sich das Team selbst und vereinbart gemeinsame Treffen und Inhalte notwendiger Meetings.

Nur Mitglieder des Development Teams und der Scrum Master sind beim Daily Scrum zugelassen. Der Product Owner kann dabei sein, sofern ihn das Development Team nicht ausschließt.

Das Abhalten von Daily Scrums bringt große Vorteile. Die Kommunikation wird verbessert. Andere zeitraubende Meetings werden überflüssig. Hindernisse werden identifiziert und zur Beseitigung an den Scrum Master delegiert. Das kurze Daily Scrum läuft fokussiert ab und fördert eine schnelle Entscheidungsfindung. Durch die täglichen Meetings erhöht sich der Wissensstand im Development Team. Es ist somit ein entscheidender Faktor für die Überprüfung und Anpassung der Ergebnisse.

Das Daily Scrum ist ein wichtiger Aspekt für das Vorgehen von „Inspect & Adapt". Es ermöglicht ein frühzeitiges Anpassen der zum Ziel führenden Arbeitsschritte.

Überwachung des Sprint-Fortschritts

Täglich werden alle noch offenen Arbeiten erfasst werden. Spätestens mit dem Daily Scrum. Damit dient das Sprint Backlog auch als Entscheidungshilfe für das Development Team, welches Backlog Item, bzw. Arbeiten als nächstes angegangen werden sollten.

Es hilft dem Development Team seinen Fortschritt zu steuern. Das Development Team nutzt so ein täglich aktuelles Frühwarnsystem. Steigt die Wahrscheinlichkeit das Sprint Goal zu erreichen oder fällt diese?

Es muss mindestens die Summe der noch verbleibenden Arbeit ermittelt werden, in Storypoints oder anderes, was halt vom Scrum Team als Einheit genutzt wird. Die Darstellung für die noch übrige Arbeit ist nicht vorgegeben und wird je nach Unternehmen und Team selbst bestimmt. Ein Diagram hat sich als hilfreich erwiesen.

> "Wenn weitere Arbeiten erforderlich sind, werden sie vom Entwicklungsteam zum Sprint Backlog hinzugefügt. Wenn eine Arbeit durchgeführt wird oder abgeschlossen wurde, wird die Schätzung der verbleibenden Arbeit aktualisiert. Wenn sich Bestandteile des Plans als unnötig erweisen, werden sie entfernt. Nur das Entwicklungsteam kann sein Sprint Backlog während des Sprints ändern. Das Sprint Backlog ist ein hochgradig sichtbares Echtzeit-Bild der Arbeit, die das Entwicklungsteam plant, während des Sprints zu erreichen. Es gehört einzig und allein dem Entwicklungsteam."

[Quelle: Scrum Guide 2013, Seite 15]

Dient das Daily Scrum festzustellen, ob das Team weitere Refinements braucht?

Im Sprint sind nur Backlog Items, die auf dem Zustand „Ready" sind. Damit brauchen diese Backlog Items kein Refinement Meeting mit dem Product Owner mehr. Das Anpassen und aufbrechen in Arbeitspakete ist normale Development Team Arbeit. Rückfragen mit dem Product Owner oder anderen Stakeholder ist ausdrücklich erlaubt.

Sollten Probleme mit oder aufgrund dem Refinement Meeting entstehen, so wird dies Teil der Sprint Retrospective, also in der Nachbesprechung des Sprints.

Quiz

Fragen

1. How is external management involved to the Daily Scrum?

- ☐ Management begins each Daily Scrum with an update.
- ☐ The Product Owner shares opinions on their behalf.
- ☒ The Development Team self-organizes and is therefore the only management needed at the Daily Scrum.
- ☐ The Scrum Master speaks for them.

2. What are the results of the Daily Scrum?

- ☒ A mutual understanding of the principal work to be done next in order to make the most progress toward the Sprint goal.
- ☒ An updated list of hurdles for the Scrum Master to handle.
- ☐ An updated task list to reveal the Sprints progress to the stakeholders.
- ☐ A list of finished tasks and updated list of outstanding tasks that the Scrum Master can use to delegate work.
- ☐ A status report showing what each individual has completed, what he/she will do, and what is obstructing him/her.

3. The Daily Scrum takes place each day. Which of the following would be concerns if this were reduced to once every two or three days?

- ☐ The Product Owner will not be able to report progress to the stakeholders precisely.
- ☒ Impediments increase and are resolved less quickly.
- ☒ The Sprint Plan becomes less accurate.
- ☐ The Scrum Master will not be able to update the Gantt chart correctly.
- ☒ Opportunities to review and change the Sprint Backlog are lost.

- ☐ Too much work is wasted updating the Scrum board before the meeting.

4. Which questions do the members of the development team answer during Daily Scrum in terms of content, in relation to the Sprint Goal?

- ☐ Why didn't you arrive on time?
- ☒ What did I do yesterday to help the team achieve its target?
- ☒ What barriers are in my way or in the way of the team?
- ☐ How is the Sprint progressing?
- ☒ What am I going to do today to help the team reach its target?
- ☐ How much time did I invest in the project yesterday?

5. What is the Scrum Masters role during the Daily Scrum?

- ☐ Run the meeting so that each team member has the opportunity to talk.
- ☐ Ensure that all 3 questions are answered.
- ☐ Facilitate discussions between Development Team members.
- ☒ To teach the Development Team to stay within the 15-minute timebox.

6. Which are qualities and features of the Daily Scrum?

- ☒ It should last fifteen minutes or less.
- ☐ The team lead facilitates it.
- ☒ Location and time should stay the same.
- ☐ It is an open forum intended to encourage discussion.
- ☐ It takes place in the morning, at the start of each day.
- ☐ The Scrum Master uses the Daily Scrum to ask each team member the three questions.

7. What is the timebox for a Daily Scrum?

- ☐ The same time each day.

- ☐ Up to 30 minutes
- ☐ It is part of the development and has no timebox.
- ☒ 15 minutes.

8. Who must attend the Daily Scrum?

- ☐ The Scrum Team.
- ☐ The Development Team and Scrum Master.
- ☐ The Development Team and Product Owner.
- ☒ The Development Team.
- ☐ The Scrum Master and Product Owner.

9. Who has to start the Daily Scrum?

- ☒ The Development Team decides wo should start.
- ☐ The developer with the token.
- ☐ Whoever arrives in last. This supports the timebox and disciplines the Development Team.
- ☐ The developer who was guilt to broke the build.
- ☐ The Scrum Master to ensure the meeting was held and stays within the timebox.

Lösungen

1. How is external management involved to the Daily Scrum?

□ Management begins each Daily Scrum with an update.

Das Daily Scrum ist für das Development Team. Damit kann sich das Team synchronisieren und die Planung bis zum nächsten Daily Scrum machen. Jeder Entwickler teilt mit, was er gemacht hat, was er nun machen wird und welche Hindernisse aufgetreten sind, die das Sprint Goal gefährden könnten. Die Hindernisse werden dem Scrum Master übergeben. Er kümmert sich um die Beseitigung. Das Daily Scrum ist kein Meeting, um den aktuellen Status zu berichten, viel mehr dient es zur Synchronisierung. Diskussionen sind nicht zugelassen und müssen im Anschluss an das Daily Scrum erfolgen. So können die anderen Unbeteiligten bereits wieder an die Arbeit gehen, während einige Entwickler sich beraten. Der Fokus liegt also in der Koordination und Synchronisierung des Development Teams.

□ The Product Owner shares opinions on their behalf.

Der Product Owner nimmt am Daily Scrum nicht teil. Er muss die Arbeit nicht überwachen und vertraut auf die beste Umsetzung seitens des Development Teams. Das Development Team sind die Experten, welche funktionsübergreifend zusammengestellt sind. Sie unternehmen alles Notwendige, um das Sprint Goal zu erreichen.

✔ The Development Team self-organizes and is therefore the only management needed at the Daily Scrum.

Das Development Team verwaltet ud organisiert sich und die eigene Arbeit selbst. Das Daily Scrum dient der Synchronisierung der täglichen Arbeiten an den Sprint Backlog Items. Die Umsetzung wird durch das Development Team geplant. Das Daily Scrum ist nur für das Development Team.

- ☐ The Scrum Master speaks for them.

Der Scrum Master sorgt dafür, dass das Daily Scrum stattfindet. Das Daily Scrum gehört aber dem Development Team und dient dessen Synchronisierung für die Arbeiten bis zum nächsten Daily Scrum. Hier sprechen die Entwickler über die geleisteten Arbeiten seit dem letzten Daily Scrum und was nun als nächstes umgesetzt wird.

2. What are the results of the Daily Scrum?

- ✔ A mutual understanding of the principal work to be done next in order to make the most progress toward the Sprint goal.

Das Daily Scrum dient der Synchronisierung und Planung der nächsten Schritte. Das bedeutet, jeder Entwickler beantwortet die 3 Fragen. Was hat er zuletzt umgesetzt, welche Arbeiten geht er jetzt an und welche Probleme sieht er für das Sprint Goal. Damit teilen die Entwickler das gleiche Verständnis, was nun als nächstes gemacht werden muss, um das Ziel weiterzuverfolgen.

- ✔ An updated list of hurdles for the Scrum Master to handle.

Die Antwort auf die dritte leitende Frage im Daily Scrum aktualisiert die Liste der Impediments vom Scrum Master. Er behebt die Störungen und Hindernisse, damit das Development Team sich auf die Umsetzung konzentrieren kann.

- ☐ An updated task list to reveal the Sprints progress to the stakeholders.

Der Progress im Sprint wird von den Entwicklern für die Entwickler erfasst. Ein Statusreport ist in Scrum nicht vorgesehen. Eine Überwachung der Entwicklung ist nicht nötig. Der Sprint ist auf die Timebox beschränkt. Der Product Owner vertraut dem Development Team. Er weiß, dass das Development Team alles daran setzt, das Sprint Goal zu erreichen. Eine Überprüfung der Ergebnisse findet im Sprint Review statt. Das erreichte Product Increment ist der Status für das Projekt und der Product Owner wird aus Gründen der Transparenz diesen Fortschritt veröffentlichen.

- ☐ A list of finished tasks and updated list of outstanding tasks that the Scrum Master can use to delegate work.

Der Scrum Master beaufsichtigt das Development Team nicht. Das Daily Scrum ist ein Meeting des Development Teams. Der Scrum Master stellt sicher, dass dieses Meeting stattfindet. Das Development Team organisiert das Daily Scrum selbst. Das Development Team organisiert sich selbst und muss niemanden über den Fortschritt im Sprint berichten. Das Vertrauen in die Fähigkeiten und in die Umsetzung erhöhen die Produktivität. Das Risiko eines Totalausfalls ist auf die maximale Dauer des Sprints reduziert. In der Regel meldet das Development Team größere Probleme sofort. Hindernisse und andere Störungen werden dem Scrum Master im Daily Scrum übergeben, dieser kümmert sich darum.

□ A status report showing what each individual has completed, what he/she will do, and what is obstructing him/her.

Es gibt keinen Statusreport über die tägliche Arbeit des Development Teams im Scrum. Das Development Team organisiert sich selbst und genießt das Vertrauen, die entsprechenden Arbeiten ausführen zu können, um das Sprint Goal zu erreichen. Im Daily Scrum erklärt jeder Entwickler, was er gemacht hat, was er nun machen wird und welche Hindernisse im Weg stehen. Dies ist aber kein Statusbericht, sondern dient der Synchronisierung des Development Teams. Damit plant das Development Team die nächsten notwendigen Arbeiten für die Erreichung des Sprint Goals. Dabei reicht eine Synchronisierung bis zum nächsten Daily Scrum.

3. The Daily Scrum takes place each day. Which of the following would be concerns if this were reduced to once every two or three days?

□ The Product Owner will not be able to report progress to the stakeholders precisely.

Der Product Owner ist durch die geforderte Transparenz im Scrum angehalten, den Fortschritt des Produkts öffentlich zu machen. Der Fortschritt während des Sprints wird durch das Development Team erfasst und überwacht. Der Product Owner ist beim Daily Scrum nicht anwesend. Er vertraut darauf, dass das Development Team die übernommenen Backlog Items umsetzen wird. Eine Kontrolle über die Erreichung des Sprint Goals erfolgt im Sprint Review.

✔ Impediments increase and are resolved less quickly.

Das Daily Scrum ist auf maximal 15 Minuten ausgelegt. Das Development Team synchronisiert sich und plant die nächsten 24 Stunden. Dabei werden auch Probleme angesprochen, die der Scrum Master beseitigen kann. So soll eine optimale Arbeitsatmosphäre geschaffen werden.

✔ The Sprint Plan becomes less accurate.

Sollte das Development Team sich nicht alle 24 Stunden sehen, besteht die Gefahr, dass Arbeit doppelt getan wird oder eine Unterbrechung der Arbeit nötig ist.

□ The Scrum Master will not be able to update the Gantt chart correctly.

Eine Überwachung der Arbeit wird durch das Development Team gemacht. Zu jeder Zeit kann im Sprint die geleistete Arbeit aufsummiert werden. Das Development Team führt mindestens bis zum Daily Scrum die noch zu leistende Arbeit auf. Durch das Erfassen dieser Werte kümmert sich das Development Team um den Fortschritt.

✔ Opportunities to review and change the Sprint Backlog are lost.

Eine Anpassung der Arbeit würde sehr schwierig, da die Synchronisierung fehlt. Eine Prognose über das Erreichen des Sprint Goals wird unmöglich.

□ Too much work is wasted updating the Scrum board before the meeting.

Die Aktualisierung des Scrum Boards an sich kann mehr Arbeit kosten, muss aber nicht. Diese Arbeit gehört zum Sprint. Vielmehr würde die fehlende Möglichkeit von schnellen Anpassungen und die fehlende Synchronisierung im Development Team ein Problem darstellen.

4. Which questions do the members of the development team answer during Daily Scrum in terms of content, in relation to the Sprint Goal?

Für die Synchronisierung sind die drei wichtigen Fragen nötig. Das Team versteht dadurch, was umgesetzt wurde, welche Tasks als nächste angegangen werden und ob es Hindernisse gibt, auf die man achten sollte oder die der Scrum Master beseitigen sollte.

□ Why didn't you arrive on time?

Wenn Zuspätkommen ein Thema ist, wird dies Gegenstand in der Sprint Retrospective. Oder es wird direkt im Anschluss des Daily Scrum diskutiert. Eine Diskussion über das Zuspätkommen gehört aber nicht in das Daily Scrum.

✔ What did I do yesterday to help the team achieve its target?

✔ What barriers are in my way or in the way of the team?

□ How is the Sprint progressing?

Diese Frage wird durch den Sprint-Burndown-Chart beantwortet, für jeden sichtbar. Damit ist der Fortschritt und die noch voraussichtlich notwendige Arbeit aufgeführt. Diese Frage könnte auch kein einzelnes Mitglied beantworten, da die Umsetzung eine gemeinsame Leistung ist und aus den umgesetzten Tasks aller Entwickler besteht.

✔ What am I going to do today to help the team reach its target?

□ How much time did I invest in the project yesterday?

Die Schätzung erfolgt für die Backlog Items. Damit wird grundsätzlich davon ausgegangen, dass alle notwendigen Arbeiten innerhalb des Sprints geleistet werden, die zur Umsetzung führen. Eine derartige Kontrolle ist nicht zielführend. Das Development Team organisiert sich selbst und ist damit nicht direkt rechenschaftspflichtig für die geleisteten Stunden.

5. What is the Scrum Masters role during the Daily Scrum?

□ Run the meeting so that each team member has the opportunity to talk.

Das Development Team ist selbst organisierend. Man vertraut darauf, dass es die bestmögliche Arbeit leistet. Der Scrum Master schult das Development Team darin, das Daily Meeting abzuhalten. Die Form des Daily Meetings sieht vor, dass jeder die 3 Fragen erläutert. Somit werden alle zum Sprechen kommen. Auch sind keine Diskussionen vorgesehen. Diese erfolgen oft im Anschluss an das Daily Scrum.

□ Ensure that all 3 questions are answered.

Das Daily Scrum sieht die Beantwortung der drei Fragen vor. Der Scrum Master schult das Development Team darin, das Daily Scrum abzuhalten. Der Scrum Master muss aber nicht der Moderator oder Leiter des Meetings sein. Er sorgt lediglich dafür, dass das Daily Scrum stattfindet. Der Ablauf ist klar genug beschrieben, so dass das Development Team dies alleine durchführen kann.

□ Facilitate discussions between Development Team members.

Es gibt keine Diskussionen im Daily Scrum. Fragen und Diskussionen über ein bestimmtes Vorgehen oder Problem werden im Anschluss an das Daily Scrum verlegt. Somit können die anderen Entwickler mit der Arbeit fortfahren und werden nicht mit dem Meeting geblockt. Der Fokus steht hier auf Synchronisierung der Arbeit und auf Effizienz der Synchronisierung.

✔ To teach the Development Team to stay within the 15-minute timebox.

Der Scrum Master schult das Development Team. Er sorgt dafür, dass alle verstehen, wie und warum das Daily Scrum abgehalten wird. Das Daily Scrum wird in einer maximalen Timebox von 15 Minuten abgehalten. Diskussionen haben hier keinen Platz. Diese werden im Anschluss und nur mit den Beteiligten geführt, die es betrifft. Das Daily Scrum hilft dem Team, sich zu synchronisieren. Aufgrund des sich selbst organisierenden Teams können die Daily Scrums auch durch das Development Team alleine abgehalten werden.

6. Which are qualities and features of the Daily Scrum?

✔ It should last fifteen minutes or less.

Das Daily Scrum dient der Synchronisierung des Development Teams. Damit soll verhindert werden, dass die Entwicklung ins Stocken gerät oder Arbeit doppelt gemacht wird. Damit das Daily Scrum reibungslos und schnell umgesetzt werden kann, ist die Einhaltung der maximalen Timebox von 15 Minuten wichtig. Das Daily Scrum ist kein Diskussionsforum. Alle beantworten die drei Fragen zum Daily Scrum. Fragen zu Arbeiten werden im Anschluss zwischen den Betroffenen besprochen.

□ The team lead facilitates it.

Das Development Team kennt keinen Teamleiter. Alle sind gleichberechtigt. Das Development Team organisiert und verwaltet sich selbst.

✔ Location and time should stay the same.

Die gleiche Zeit und den gleichen Ort für das Daily Scrum zu nutzen, erhöht die Gewohnheit und fördert den Ablauf.

□ It is an open forum intended to encourage discussion.

Das Daily Meeting ist nicht frei geformt, um zu verhindern, dass unnötige und ausschweifende Diskussionen das Development Team aufhalten. Es dauert maximal 15 Minuten und Diskussionen werden nach dem Daily Scrum geführt.

□ It takes place in the morning, at the start of each day.

Die Zeit und der Ort sollten gleich gehalten werden. Das verringert die Komplexität, wie die Organisation von Raum und Termin etc. Wann genau das Daily Meeting stattfinden soll, ist dem Development Team selbst überlassen. Die Planung ist für die nächsten 24 Stunden zu machen, so kann es auch am Abend abgehalten werden.

□ The Scrum Master uses the Daily Scrum to ask each team member the three questions.

Der Scrum Master sorgt dafür, dass ein Daily Scrum abgehalten wird. Die Leitung obliegt dem Development Team. Zwar werden die drei Fragen als Leitfaden für den Ablauf genommen, doch müssen diese nicht durch den Scrum Master gestellt werden. Das

Development Team beantwortet sich diese Fragen selbst. Der Scrum Master bringt dem Development Team bei, wie man das Daily Scrum durchführt.

7. What is the timebox for a Daily Scrum?

□ The same time each day.

Eine Timebox ist eine Dauer. Eine bestimmte Zeitangabe liefert keinen Anhalt über die Dauer. Idealerweise findet das Daily Scrum immer zur gleichen Zeit und am gleichen Ort statt. Aber dies ist nicht vorgeschrieben.

□ Up to 30 minutes

Es sind maximal 15 Minuten vorgesehen. Diese Limitierung soll verhindern, dass das Meeting zu Diskussionen und anderen Themenaustausch genutzt wird.

□ It is part of the development and has no timebox.

Es sind maximal 15 Minuten vorgesehen. Diese Limitierung soll verhindern, dass das Meeting zu Diskussionen und anderen Themenaustausch genutzt wird.

✔ 15 minutes.

In Anlehnung an die optimale Entwicklerteamgröße von 8 oder weniger, sind 15 Minuten ausreichend. Das Meeting kann entsprechend auch früher beendet werden. Dieses Meeting soll die Koordination zwischen den Mitgliedern fördern und dem Scrum Master die Möglichkeit bieten, Hindernisse aufzunehmen. Es ist kein Diskussionsforum. Diskussionen können nach dem Daily Scrum geführt werden. Im Daily Scrum synchronisiert sich das Development Team und kann auch das Sprint Backlog aktualisieren. Hier wird die Planung der nächsten 24 Stunden im Team kommuniziert. Es werden drei Fragen gestellt, um die Komplexität zu reduzieren.

- Was habe ich gestern erreicht, das dem Development Team hilft, das Sprint Goal zu erreichen?
- Was werde ich heute erledigen, um dem Development Team bei der Erreichung des Sprint Goals zu helfen?

- Sehe ich irgendwelche Hindernisse (Impediments), die mich oder das Development Team vom Erreichen des Sprint Goals abhalten?

8. Who must attend the Daily Scrum?

□ The Scrum Team.

Das Scrum Team kann, muss aber nicht, komplett anwesend sein. Das Daily Scrum dient der Verständigung des Development Teams. Das Development Team bestimmt, ob andere anwesend sein dürfen.

□ The Development Team and Scrum Master.

Die Anwesenheit des Scrum Masters ist nicht zwingend notwendig, da sich hier das Development Team synchronisiert. Seine Anwesenheit macht aber Sinn, um Impediments zu erfassen und dafür zu sorgen, dass nur das Development Team aktiv am Meeting teilnimmt. Der Scrum Master verhindert also Störungen.

□ The Development Team and Product Owner.

Der Product Owner darf zugegen sein, aber nicht aktiv mitmachen. Die Umsetzung der Entwicklung obliegt dem Development Team. Das Development Team ist selbst organisiert. Dazu gehört auch die Synchronisierung der Aktivitäten für den Sprint.

✔ The Development Team.

Das Development Team synchronisiert seine Arbeiten während des Daily Scrums. Dazu muss es auch anwesend sein. Der Scrum Master stellt sicher, dass ein Daily Scrum stattfindet und hilft eventuell dabei. Er ist aber nicht zwingend nötig. Die ermittelten Probleme oder Impediments können dem Scrum Master auch später übermittelt werden. Da das Development Team sich selbst organisiert, ist dieses Meeting auch nur für das Development Team gedacht. Andere Anwesende dürfen nicht aktiv am Meeting teilnehmen. Beobachten ist erlaubt, sofern das Development Team dies gestattet.

□ The Scrum Master and Product Owner.

Beide Rollen haben nichts mit der Entwicklungsarbeit zu tun. Das Daily Scrum dient der Synchronisierung der Aktivitäten und Planung der nächsten Aktivitäten, um das Sprint Goal zu erreichen.

9. Who has to start the Daily Scrum?

✔ The Development Team decides wo should start.

Das Daily Scrum gehört dem Development Team und dient der Koordination im Team. Der Scrum Master muss nur sicherstellen, dass das Meeting stattfindet. Damit bestimmen auch die Mitglieder des Teams selbst, wer in der Runde anfängt.

□ The developer with the token.

Die Nutzung von Tokens für die Personen, welche sprechen dürfen, ist ein interessantes System, das nicht in Scrum vorgeschrieben wird. Ob das Development Team derartiges vorsieht, liegt beim Development Team und wird nicht von außen bestimmt.

□ Whoever arrives in last. This supports the timebox and disciplines the Development Team.

Es gibt im Scrum keine Regel, wer das Daily Scrum anfangen soll. Das Development Team bestimmt selbst, wer anfangen soll. Das gehört zur Eigenverantwortung des Development Teams.

□ The developer who was guilt to broke the build.

Wenn das Development Team dies so vorsieht, kann es durchaus so gemacht werden. Aber es gibt im Scrum keine Regel, die besagt, wer im Development Team das Daily Scrum anfangen soll. Das Development Team bestimmt dies selbst.

□ The Scrum Master to ensure the meeting was held and stays within the timebox.

Der Scrum Master stellt sicher, dass das Daily Scrum stattfindet. Das Daily Scrum gehört aber dem Development Team und dient diesem zur Koordination der nächsten Arbeiten. Die Reihenfolge, wer im Development Team anfängt, ist nicht durch Scrum bestimmt. Sie wird durch das Development Team selbst bestimmt.

Scrum Meeting: Refinement

Kurzbeschreibung

- Kein eigentlicher Scrum Event
- Findet während des Sprints statt
- Kurze Meetings zum Schätzen von Backlog Items
- Kurze Meetings für Fragen zu neuen Ideen
- Herunterbrechen von zu großen Product Backlog Items
- Maximale Dauer beträgt 10 % der Kapazität des Development Teams

Beteiligte im Meeting

- Development Team
- Product Owner
- Scrum Master
- Stakeholder (selten, für externe Abklärungen)

Eingangswerte für das Meeting

- Product Backlog
- Neue Produktideen
- Epic Product Backlog Items – sehr grobes Backlog Item

Ergebnis nach dem Meeting

- Aktualisiertes Product Backlog
- Neue Backlog Items
- Schätzungen von Backlog Items

Das Refinement-Meeting war früher das *Grooming-Meeting*. Im Refinement kann der Product Owner Schätzungen zu neuen Product Backlog Items einholen. Das Development Team hilft dem Product Owner, Fragen zu neuen und bestehenden Ideen zu klären. Der Product Owner pflegt mit den Refinement-Meetings sein Product Backlog.

Verfeinern der Backlog Items

Das Development Team unterzieht die Product Backlog Items einer Überprüfung und Machbarkeitsanalyse. Dann können diese erst vom Development Team geschätzt werden. Das Development Team steuert neue Details oder neue Items hinzu. Umfangreiche Product Backlog Items, welche oft Epic Stories genannt werden, können in kleinere Backlog Items zergliedert werden.

Damit kümmert sich der Product Owner erst kurz vor der Umsetzung um gröbere Produktmerkmale und definiert deren Umfang zeitnah für den nächsten Sprint. Dieses Vorgehen erlaubt dem Product Owner eine kurzfristige Anpassung an geänderte Umstände, Bedürfnisse und Anforderungen.

Im Refinement kann auch die Release-Planung besprochen werden. Für die Release-Planung werden die Items in Releases eingeteilt. Die Release-Termine können entsprechend der Schätzungen und anhand der Geschwindigkeit des Development Teams bestimmt werden.

Das allererste Meeting bei einem neuen Scrum-Projekt ist das Refinement Meeting. So können die ersten Product Backlog Items geschätzt werden und der Product Owner ist in der Lage, die erste feste Abfolge in das Product Backlog für den kommenden Sprint zu bringen. Dabei sollte man die Detaillierung der Backlog Items für den ersten Sprint anstreben.

Es kann auch nötig sein, dass das Development Team von sich aus ein Refinement vorangegangen Schätzungen an Product Backlog Items vornehmen muss. Und zwar dann, wenn sich neue Erkenntnisse, aufgrund des aktuellen Entwicklungsfortschritts und neuen Erfahrungen, ergeben haben.

Das Refinement ist nicht Bestandteil der Sprint Planning

Das Refinement gehört dem Scrum Team und dient zum Abklären der Backlog Items. Das Refinement wird genutzt, um Fragen zu Produktmerkmalen, Ideen und Backlog Items zu klären und auch Schätzungen zum Aufwand der Backlog Items einzuholen. In der ersten Phase der Sprint Planning kann man durchaus noch Backlog Items weiter optimieren, damit diese in den Sprint passen.

Deshalb auch die 10% Grenze der Development Team Kapazität. Der Product Owner hat somit einen Grund, nicht übermäßig davon Gebrauch zu machen, denn sonst leidet die Entwicklungsarbeit und eventuell reicht die übrige Kapazität nicht aus, um das Sprint Goal zu erreichen. Es muss auch nicht das gesamte Development Team anwesend sein.

Beispiel für die Kapazitätsberechnung:

5 Entwickler bei einem 4 Wochen Sprint sind alle 20 Tage für jeweils 8 Stunden anwesend. Abwesenheiten, müssten sonst abgezogen werden.

5 Personen x 20Tage x 8Stunden = 800 Stunden Kapazität. Daraus folgt, die Refinement Meetings sollten nicht mehr als 80 Stunden benötigen.

Beispiel für benötigte Ressourcen

2Personen x 10Meetings x 2Stunden = 40 Stunden

Der Scrum Master wacht über die Einhaltung der maximalen Dauer und informiert das Scrum Team, wenn es zu viel wird. Jedoch entscheidet der Product Owner, ob er noch mehr benötigt. Der Scrum Master oder der Product Owner kann dann einen weiteren Termin aufsetzen. Der Product Owner entscheidet, ob es nötig ist weitere Meetings abzuhalten, und nimmt damit in Kauf, dass nicht alle Sprint Backlog Items umgesetzt werden können.

Eine deutliche Überschreitung der 10% stört das Vorankommen im Sprint. Dies kann dann aber ein Thema zur Optimierung in der Sprint Retrospective werden, sollten die Refinement Meetings zu oft erfolgen und zu lange dauern.

Scrum Event: Sprint Review

Kurzbeschreibung

- Timebox von 4 Stunden für eine Sprintlänge von 4 Wochen
- Ende der Entwicklungsarbeit für den Sprint
- Kein Statusreport, sondern ein informelles Meeting
- Vorführung des Product Increments
- Der Ist-Zustand wird vorgestellt
- Präsentation führt zu weiteren Produktfeature-Ideen
- Möglichkeit für Feedback zum Produkt

Beteiligte im Meeting

- Product Owner
- Vom Product Owner eingeladene Stakeholder
- Development Team
- Scrum Master

Eingangswerte für das Meeting

- Sprint Backlog
- Produkt-Inkrement
- Erfahrungen des Development Teams während der Entwicklung
- Product Backlog
- Release-Plan
- Neue Produkt- und Markterkenntnisse

Ergebnis nach dem Meeting

- Aktualisiertes Product Backlog
- Aktualisierte Ideenliste
- Verständnis für weiteres Vorgehen
- Ratschläge für weitere Product Backlog Items
- Ratschläge für die Auswahl von Product Backlog Items für den nächsten Sprint
- Neue Chancen zur Verbesserung des Produktnutzens

Im Sprint Review wird die erbrachte Leistung überprüft. Der Product Owner erklärt durch seine Abnahme, welche der Product Backlog Items als „Done" eingestuft werden und welche nicht akzeptiert werden. Hierbei geht es nicht darum, dass das Development Team seine Arbeit verteidigt. Es gibt verschiedene Gründe, warum die Backlog Items nicht „Done" sind. Dazu gehören zeitliche Gründe oder auch missverstandene Anforderungen. Beides führt zu einer Optimierung der folgenden Sprints.

Der Scrum Master stellt sicher, dass das Meeting stattfindet. Er demonstriert den Ablauf und schult somit das Scrum Team. Es ist wichtig, dass alle im Scrum Team die Wichtigkeit des Meetings verstehen.

Begutachtung des Product Increments

Im Sprint Review werden die umgesetzten Sprint Backlog Items inspiziert. Der Product Owner kann auch schon während des Sprints einige fertiggestellte Sprint Backlog Items auf „Done" setzen. Nicht umgesetzte Sprint Backlog Items werden in das Product Backlog zurückgelegt.

Sollten zeitliche Gründe für das Durchfallen von Backlog Items Schuld sein, wird entsprechend an der Optimierung der Schätzungen gearbeitet. Bei Missverständnissen zu den Anforderungen und Zielen wird deutlich, welcher Bereich noch klarer formuliert werden muss. Unter Umständen wird hier deutlich, dass bestimmte Anforderungen erwartet wurden, doch nicht formuliert sind. Das kann zur Optimierung der „Definition of Done" führen. Oft ist es auch eine Mischung aus allen möglichen Gründen.

Der Sprint Review dient aber nicht der Schuldzuweisung, sondern der Justierung des Scrum Teams und des Produkts.

Ablauf

Das Development Team schildert, wie die Umsetzung verlaufen ist. Dabei werden die guten Aspekte und die nicht gut gelaufenen Punkte berücksichtigt. Wenn es Probleme gab, werden auch die Lösungsansätze erklärt. Das hilft den anderen, aus den Fehlern zu lernen.

Das Produkt-Inkrement wird durch das Development Team vorgeführt. Das Team demonstriert die „Done"-Items und beantwortet weitere Fragen dazu.

Der Sprint Review dauert maximal 4 Stunden für einen einmonatigen Sprint. Kürzere Sprints resultieren in kürzerer Dauer für den Review.

Der Product Owner inspiziert die Sprint Backlog Items und bestimmt, ob er diese annimmt. Dazu nimmt er die Akzeptanzkriterien der einzelnen Items zu Hilfe. Das kann man als Abnahme bezeichnen.

Die Inspektion kann einen Optimierungsbedarf am Produkt aufdecken. Ist der Product Owner nicht zufrieden mit der umgesetzten Arbeit, hat er die Möglichkeit, diese anzupassen. Dazu erstellt er neue Product Backlog Items und priorisiert diese im Product Backlog entsprechend. So bestimmt er, ob die Anpassung im nächsten Sprint angegangen wird oder später.

Arbeiten die umgesetzt wurden, können nicht in der Zeit zurückgedreht werden. Auch wenn es verlorene Zeit ist, ist diese mit der Arbeit getan. Anpassungen an gemachter Arbeit erfordern wiederum Arbeit. Darum müssen neue Product Backlog Items erstellt werden, welche wiederum geschätzt werden. Diese Korrektur-Items gehören zum Projekt. Nur so kann man verhindern, dass die Planung und Prognosen nicht durch falsche Tatsachen verfälscht werden. Hierzu verpflichtet auch das Transparenzgebot. Der Product Owner macht mit den neuen Items den Mehraufwand öffentlich. Anpassungen am laufenden Produkt passieren und sind ein gutes Beispiel für „Inspect & Adapt".

Mit dem Increment beschäftigen sich alle gemeinsam. Dabei entstehen neue Ideen zum Produkt. Diese Anregungen können als neue Product Backlog Items erfasst werden. Feedback von allen Anwesenden hilft, das Produkt für den nächsten Sprint zu verbessern.

Anpassungen an der Release-Planung

Nach der Vorführung stellt der Product Owner den aktuellen Stand des Product Backlogs vor. Damit wird dem Team bewusst gemacht, welche umzusetzenden Produktmerkmale noch anstehen. Wenn nötig, kann der Product Owner auch den Release-Plan vorführen. Eventuell werden aufgrund von neuen Umständen und aufgrund des Entwicklungsfortschritts weitere Anpassungen nötig. Das Team kann hier helfen, die Richtigkeit der Vorhersagen zum weiteren Vorgehen zu prüfen. Man erarbeitet also gemeinsam, was als Nächstes umgesetzt werden kann.

Dazu gehört auch die Begutachtung der Marktsituation. Der Produktnutzen wird erneut überprüft. Wenn sich dieser geändert hat, kann man das Product Backlog nun entsprechend anpassen. Danach werden Budget, potenzielle Möglichkeiten, Erwartungen des Markts und der Zeitplan für das nächste Produkt-Release überprüft. Diese Überprüfungen und deren anschließende Bewertung helfen dem Product Owner, den Produktnutzen zu erhöhen.

Dabei kann er das Product Backlog entsprechend anpassen. Er erhält nun eine gute Richtlinie für die Auswahl der nächsten Product Backlog Items für den folgenden Sprint. Durch diese stetige Überprüfung und Anpassung können neue Chancen genutzt werden und das erhöht den Produktnutzen.

Quiz

Fragen

1. **If the Development Team is unable to finish its work by the end of the Sprint, what happens?**

- ☐ The Sprint is made longer and future Sprints last just as long.
- ☐ The duration is extended provisionally. Steps are taken to make sure it doesn't occur again.
- ☐ The Sprint duration stays the same and the Development Team begins to realize what is possible to complete within a Sprint of this length.

2. **What is the maximum duration of the Sprint Review (its timebox)?**

- ☐ 2 hours.
- ☐ As long as is necessary.
- ☐ 1 day.
- ☐ 4 hours for a monthly Sprint. For shorter Sprints, it generally does not last as long.
- ☐ 4 hours or longer if required.

3. **The product Increment must be released at the end of each Sprint.**

- ☐ True
- ☐ False

Lösungen

1. If the Development Team is unable to finish its work by the end of the Sprint, what happens?

☐ The Sprint is made longer and future Sprints last just as long.

Eine Verlängerung des Sprints hilft nicht bei Prognosen und späteren Einschätzungen. Eine realistischere Planung wird unmöglich. Das Development Team verbessert sich mit zunehmendem Fortschritt im Projekt. Es kann die notwendigen Arbeiten an den Backlog Items besser einschätzen und wird auch schneller bei der Umsetzung.

☐ The duration is extended provisionally. Steps are taken to make sure it doesn't occur again.

Das Verlängern und Verkürzen von Sprintlängen bringt nur Verwirrung und stark schwankende Prognosen für die Zukunft. So kann keine Planung gemacht werden. Die Dauer des Sprints sollte konstant gehalten werden. Daraus ergibt sich die Möglichkeit, die Kapazität des Development Teams zu ermitteln. Es ermittelt aufgrund der Erfahrungen aus den vorangegangenen Sprints die tatsächlich benötigte Arbeit für die Umsetzung der geschätzten Backlog Items. Die Schätzungen selbst werden immer besser, da mit der Erfahrung auch ein besseres Produktverständnis entsteht. Die möglichen Fallstricke für die Entwicklung werden klarer und die Umsetzung selbst kommt zügiger voran. Dabei helfen dem Development Team auch Arbeiten und Effekte der vorangegangenen Backlog Items.

✔ The Sprint duration stays the same and the Development Team begins to realize what is possible to complete within a Sprint of this length.

Der Sprint hat eine feste Dauer. Diese Dauer wird zu Beginn festgelegt und bestimmt sich aus der Notwendigkeit heraus, wegen neuen Gegebenheiten schnelle Anpassungen am Produkt vorzunehmen. Die feste Dauer eines Sprints hilft dem Product Owner, eine Prognose für das Produkt zu erstellen. Das Development Team verbessert sich mit seinen Schätzungen und unterschätzt das Ausmaß der Arbeiten immer seltener. Nach einiger Zeit pendeln sich die Schätzungen ein und das Development Team weiß, wie viel Arbeit im Sprint im realistischen Bereich liegt. Das Development Team ermittelt die Gründe für Probleme bei der Umsetzung der Backlog Items in der Sprint Retrospective. Durch Arbeiten am Produkt verbessert das Development Team die eigenen Fähigkeiten. Die Erfahrungen der vorangegangenen Sprints helfen also, die Produktivität zu steigern.

2. What is the maximum duration of the Sprint Review (its timebox)?

□ 2 hours.

Zwei Stunden sind zu kurz. Daumenregel: 1 Stunde für eine Woche Sprint Dauer.

□ As long as is necessary.

Ein Event ist im Scrum immer mit einer festen Dauer verbunden. Diese strikten Regeln sollen das Umsetzen fördern und verhindern, dass die Meetings auch mit anderen Themen als den vorgesehenen gefüllt werden. Damit die Zeit optimal genutzt werden kann, müssen sich somit alle Beteiligten an das Thema halten. Ansonsten kann es passieren, dass dringende Sachen nicht mehr besprochen werden können.

□ 1 day.

Wenn der Sprint Review zu lange dauert, wird die folgende Umsetzung verzögert. Gemäß der Daumenregel von 1 Stunde pro 1-wöchigem Sprint sollte bei einer maximalen Sprint-Review- Dauer von 4 Stunden auch der Sprint nicht länger als einen Monat dauern. Zu lange Sprints verhindern die schnelle Anpassung der umzusetzenden Features. Die maximale Sprintlänge ist ein Monat, ansonsten verpasst man die Möglichkeit, frühzeitig den Ist-Zustand zu erfassen und darauf entsprechend reagieren zu können. Der Product Owner kann nicht mehr schnell genug in das Produkt eingreifen, ohne den Sprint abzubrechen.

✔ 4 hours for a monthly Sprint. For shorter Sprints, it generally does not last as long.

Das Timeboxing ist eine wichtige Komponente in Scrum, denn es soll verhindern, dass man ewig um das Problem herumredet und nicht mit der Arbeit beginnt. Die Timeboxen sind so ausgelegt, dass man ein optimales Verhältnis zwischen Meeting und Umsetzung gewinnt. Die 4 Stunden für eine Timebox des Sprint Reviews sind für einen Sprint mit 4 Wochen Länge angesetzt. Bei kürzeren Sprints muss die Timebox im Verhältnis angepasst werden. Sollte das Meeting früher als geplant beendet werden, kann man natürlich mit dem nächsten Event beginnen. Eine Verlängerung ist jedoch nicht vorgesehen.

☐ 4 hours or longer if required.

Die Timebox ist ein wichtiges Konzept im Scrum. Dadurch wird der Fokus auf das Wesentliche gehalten. Man ist damit produktiver und wird nicht durch themenfremde Diskussionen geblockt.

3. The product Increment must be released at the end of each Sprint.

☐ True

✔ False

Jeder Sprint bringt ein Product Increment, welches potenziell ausgeliefert werden kann. Ob das Increment zur Auslieferung freigegeben wird, entscheidet der Product Owner. Es kann durchaus berechtigt sein, dass ein Produkt erst nach mehreren Sprints veröffentlicht wird.

Scrum Event: Sprint Retrospective

Kurzbeschreibung

- Timebox von 3 Stunden für eine Sprintlänge von 4 Wochen
- Möglichkeit, „Lessons learned" und „Best Practice" zu identifizieren
- Möglichkeit, Unstimmigkeiten offen anzusprechen, um Probleme angehen zu können
- Identifizierung der positiven Elemente, um diese zu wiederholen
- Identifizierung der negativen Elemente, um diese zu vermeiden
- Ermitteln von Punkten für die „Definition of Done"
- Plan für eine Optimierung der weiteren Zusammenarbeit

Beteiligte im Meeting

- Product Owner
- Development Team
- Scrum Master

Eingangswerte für das Meeting

- Erfahrungen des Development Teams während der Entwicklung
- Eindrücke aus dem letzten Sprint
- Positive und negative Erfahrungen der Zusammenarbeit
- Informationen über die Performance

Ergebnis nach dem Meeting

- Aktualisierte „Definition of Done“
- Vorschläge für Optimierungen in der Zusammenarbeit
- Vorschläge für das Vorgehen im nächsten Sprint
- Plan für die Umsetzung von Verbesserungen für die Arbeitsweise im Scrum Team
- Positive Elemente aus dem letzten Sprint, die ausgebaut werden können

Die Sprint Retrospective ist ein wichtiger Bestandteil für die Scrum-Teambildung. Sie bietet eine gute Möglichkeit, Vorschläge für die Optimierungen der Arbeitsweisen zu ermitteln. Diese Vorschläge können in einem Verbesserungsplan umgesetzt werden. Die Sprint Retrospective liefert Verbesserungen für den kommenden Sprint.

Jeder Sprint bietet die Möglichkeit, Erkenntnisse und Erfahrungen aus dem letzten Sprint sofort im laufenden Projekt zu nutzen. Verbesserungen können jederzeit in den Sprint einfließen. So können die „Lessons Learned" noch im aktuellen Projekt angewendet werden.

Die Sprint Retrospective überprüft den vorangegangenen Sprint in Bezug auf die Beziehungen der beteiligten Menschen, Prozesse und Werkzeuge. Dabei werden die gut und schlecht gelaufenen Elemente identifiziert. Diese Elemente dienen als Grundlage für eine weitere Verbesserung. Das Ergebnis ist das Vorhaben und ein Plan für die Verbesserung der Arbeitsweisen im Scrum Team.

Die maximale Dauer für die Sprint Retrospective beträgt drei Stunden für einen 4-wöchigen Sprint. Wenn der Sprint eine Länge von 2 Wochen hat, dann werden nur 1,5 Stunden angesetzt. Die Timebox wird also entsprechend der Sprintlänge angepasst.

In der Regel sollten wichtige Optimierung am Scrum Prozess in den kommenden Sprints einbezogen werden.

Der Scrum Master in der Retrospective

Der Scrum Master sorgt dafür, dass die Sprint Retrospective abgehalten wird. Er kann als Moderator dienen, muss es aber nicht. In diesem Meeting ist der Scrum Master als gleichberechtigtes Mitglied anwesend. Seine Einschätzungen und Erfahrungen zählen ebenfalls.

Der Scrum Master hilft dem Scrum Team, die Entwicklungsprozesse und -praktiken zu optimieren. So kann er neue Verfahren und Vorgehensweisen vorschlagen. Als Scrum Master hat er die nötige Distanz, um entsprechende Beobachtungen machen zu können. Sein Ziel ist es, den nächsten Sprint noch effektiver und noch befriedigender für alle Beteiligten zu gestalten.

Das Scrum Team erarbeitet gemeinsam Wege zur Verbesserung der Produktqualität. Dazu können Anpassungen an der Liste der Mindestanforderungen für das Produkt vorgenommen werden. Diese Anpassungen werden in der „Definition of Done" festgehalten. So wächst die selbst auferlegte „Definition of Done" mit der Erfahrung und dem Können des Development Teams.

Am Ende der Sprint Retrospective hat das Scrum Team Vorschläge für die Optimierung erarbeitet, diese kann es im nächsten Sprint anwenden. Das Einbinden der Optimierungen ist das Konzept von „Inspect & Adapt" auf das Scrum Team selbst angewendet. Obwohl schon während des Sprints Optimierungen eingebunden werden können, bietet die Sprint Retrospective hiermit ein formelles Meeting, sich mit der Selbst-Reflexion zu beschäftigen.

Eine Retrospektive kann in 5 Phasen abgehalten werden

1. Ankommen
2. Daten sammeln
3. Erkenntnisse gewinnen
4. Entscheidung nächster Schritte
5. Abschluss

Quiz

Fragen

1. **The following topics are suitable for a Sprint Retrospective:**

- ☐ The Sprint Backlog for the next Sprint.
- ☐ The value of work in the Product Backlog at present.
- ☒ How the team performs.
- ☒ Relations within the team; definition of "Done"

2. **What is the Product Owners responsibility during a Sprint Retrospective?**

- ☐ Summing up and presenting the conversations to the stakeholders.
- ☒ Participating as a member of the Scrum Team.
- ☐ Writing down what is needed for the Product Backlog.
- ☐ The Product Owner should not be involved in the Sprint Retrospective.

3. **A Scrum Master has introduced Scrum to a new Development Team, but the members have determined that a retrospective is not necessary. What should the Scrum Master do?**

- ☒ Facilitate effective retrospectives.
- ☐ Schedule a meeting between the Development Team and senior management.
- ☐ Seek advice from the Product Owner to find out what he/she thinks about it.
- ☐ Go with the choice of the self-organizing team.

4. Which topics are NOT suitable for a Sprint Retrospective:

- ☐ Team relations
- ☒ The Sprint Backlog for the next Sprint
- ☐ Definition of "Done"
- ☒ Value of work currently represented in the Product Backlog
- ☐ How the team is working

5. When is the best for the Development Team to change the Definition of "Done"?

- ☐ Before starting a new project
- ☐ Before starting a new Sprint
- ☒ During the Sprint Retrospective
- ☐ During the Sprint Planning

Lösungen

1. The following topics are suitable for a Sprint Retrospective:

□ The Sprint Backlog for the next Sprint.

Das Sprint Backlog wird im Sprint-Planning bestimmt und während der Arbeit durch das Development Team aktualisiert. Die Sprint Retrospective dreht sich um das Scrum Team. Dabei geht es um die Art und Weise der Zusammenarbeit sowie um die Produktqualität. Die Sprint Retrospective sammelt die „Lessons Learned" und bereitet diese auf. Daraus resultieren Maßnahmen für ein optimiertes Vorgehen im nächsten Sprint.

□ The value of work in the Product Backlog at present.

Das Product Backlog gehört dem Product Owner. Er verantwortet Nutzen und Wert des Produkts. Die Stakeholder und das Scrum Team können Anregungen und Ideen zu weiteren Anforderungen an das Produkt einbringen. Der Product Owner entscheidet dann über deren Aufnahme und Priorität als Product Backlog Item. Dieser Vorgang ist aber kein Thema für die Sprint Retrospective. Die Sprint Retrospective beschäftigt sich mit den vergangenen Sprints und den Ereignissen darin. Ziel ist es, das Team zusammenzubringen und aus den Erfahrungen neue Optimierungen für die folgenden Sprints zu gewinnen. Damit verbessert sich die Zusammenarbeit und die Produktqualität.

✔ How the team performs.

Die Sprint Retrospective behandelt die Zusammenarbeit des Scrum Teams. Es geht darum, die guten und weniger guten Erfahrungen aus dem letzten Sprint zu besprechen und daraus optimierte Arbeitsweisen für die kommenden Sprints abzuleiten.

✔ Relations within the team; definition of "Done"

Ein großer Teil der Sprint Retrospective beschäftigt sich damit, wie das Team die Zusammenarbeit verbessern kann. So sollen Missverständnisse im Team vermieden werden und die Kooperation optimiert werden. Dazu gehören auch Anpassungen an die

Produktqualität und an die Qualität (Tests, Naming-Conventions etc.) der Umsetzung selbst. Gemeinsam wird entschieden, was man in der Zukunft machen wird, um sich weiter zu optimieren. Einige Erkenntnisse führen zu Änderungen an der „Definition of Done".

2. What is the Product Owners responsibility during a Sprint Retrospective?

☐ Summing up and presenting the conversations to the stakeholders.

Das Scrum Team setzt das Produkt um. Ein Bericht über das Verhalten des Development Teams ist nicht angebracht und auch kein Ziel der Sprint Retrospective. Die Sprint Retrospective erlaubt in vertrauensvoller Umgebung, Stärken und auch Schwächen ansprechen zu können. Man spricht Probleme an und versucht diese im Team gemeinsam zu lösen. Eine Bedrohung von außen stört das Vertrauensverhältnis und führt zum Stillhalten oder Zurückhalten der Teilnehmer, was zu mehr Problemen und sinkender Produktivität führt.

✔ Participating as a member of the Scrum Team.

Die Sprint Retrospective soll das Zusammenarbeiten optimieren. Dabei werden die Eindrücke des Scrum Teams gesammelt. Gemeinsam werden dann die guten und nicht so optimalen Ereignisse angesprochen. Man ermittelt, welche Dinge gut laufen, um diese weiterzuführen. Die nicht optimal gelaufenen Dinge werden im Team ebenfalls besprochen. Es wird versucht, diese Dinge zu beheben oder ganz zu vermeiden. Nach der Sprint Retrospective einigt sich das Scrum Team auf ein Verhalten und entsprechende Maßnahmen, damit die weitere Entwicklung weiter optimiert wird. Ein besseres Miteinander fördert auch den Entwicklungsprozess und bringt mehr Produktnutzen und einen höheren Produktwert und dies in immer kürzerer Zeit.

☐ Writing down what is needed for the Product Backlog.

Das Erfassen von Anforderungen an das Produkt erfolgt zu jeder Zeit im Sprint. Der Product Owner ist im stetigen Austausch mit seinen Stakeholdern. Im Sprint Review werden sehr viele neue Ideen und Anforderungen geboren. Dort sieht man das fertige Inkrement und dies führt zu weiteren Ideen. In der Sprint Retrospective wird nur über die Optimierung der Zusammenarbeit und über Mittel zur Produktivitätssteigerung gesprochen. Das eigentliche Produkt ist kein Thema. Dieses Meeting gehört dem Scrum Team. Der Product Owner bringt seine Erfahrungen mit in das Scrum Team ein und hilft bei weiteren Optimierungen.

☐ The Product Owner should not be involved in the Sprint Retrospective.

Der Product Owner gehört zum Scrum Team. Die Sprint Retrospective soll die Arbeit im Scrum Team optimieren. Wie von jedem anderen Teammitglied auch sind die Eindrücke und Anforderungen des Product Owners gefragt. Die Zusammenarbeit zwischen dem Development Team und dem Product Owner ist gerade zu Beginn oft ein Thema. Eine Optimierung hier kann enorme Vorteile und Steigerungen der Produktivität bringen. Am Anfang muss sich ein Team erst zusammenraufen und dabei hilft die Sprint Retrospective. Zudem können Optimierungen für die Zusammenarbeit eingebracht werden werden.

3. A Scrum Master has introduced Scrum to a new Development Team, but the members have determined that a retrospective is not necessary. What should the Scrum Master do?

✔ Facilitate effective retrospectives.

Die Sprint Retrospective ist obligatorisch. Sie ist ein wichtiger Faktor für eine optimierte Zusammenarbeit im Scrum Team. Die Sprint Retrospective bringt eine Verbesserung im Umgang miteinander und optimiert den Ablauf der Entwicklung. Es werden die „Lessons Learned" ermittelt, welche sofort für die kommenden Sprints genutzt werden können. Damit dient es der „Inspect-&-Adapt"-Ausprägung von Scrum und hilft, die Produktivität zu steigern.

☐ Schedule a meeting between the Development Team and senior management.

Das Development Team organisiert sich selbst. Es hat kein Senior-Management, welches die Entwicklung steuert. Dies ist auch nicht nötig, da das Scrum-Framework die Sprint Retrospective als festes Ereignis vorsieht. Der Scrum Master hat dafür zu sorgen, dass es stattfindet.

□ Seek advice from the Product Owner to find out what he/she thinks about it.

Egal ob der Product Owner damit einverstanden ist oder nicht, ist die Sprint Retrospective als fester Bestandteil von Scrum durchzuführen. Sie bringt viele Vorteile und diese werden vom Team sehr geschätzt. Die Sprint Retrospective bietet die Chance, das Projekt voranzutreiben und die Produktivität zu steigern. Darüber hinaus bietet es die ideale Gelegenheit, nicht so gut laufende Dinge anzusprechen, damit ergibt sich die Chance, diese Probleme zu beheben.

□ Go with the choice of the self-organizing team.

Die Sprint Retrospective ist das letzte Ereignis im Sprint. Ein Weglassen ist nicht erlaubt. Das Scrum Team beraubt sich ansonsten, um die wertvolle Möglichkeit, Verbesserungen im Scrum Team selbstständig zu erreichen. Der Product Scrum weist auf die vielen Vorteile einer Retrospektive hin. Er motiviert das Scrum Team, eine Sprint Retrospective abzuhalten.

4. Which topics are NOT suitable for a Sprint Retrospective:

Die Sprint Retrospective unterstützt Optimierungen in der Kommunikation und in der Zusammenarbeit im Scrum Team. Dabei können Verhalten und Probleme aus den vorangegangen Sprints thematisiert werden. Hier können auch Punkte der „Definition of Done" angepasst und ergänzt werden. Inhalte zu den nächsten Sprints oder zu den nächsten Product Items gehören nicht in die Sprint Retrospective.

□ Team relations

Die Beziehungen im Scrum Team untereinander stellen einen wichtigen Bestandteil für eine produktive Zusammenarbeit dar. Diese Beziehungen gilt es zu optimieren. Dieses Anliegen ist ein wichtiger Bestandteil der Sprint Retrospective.

✔ The Sprint Backlog for the next Sprint

□ Definition of "Done"

Um aus Fehlern der vergangenen Sprints zu lernen, kann man Anforderungen für eine Optimierung der Produktqualität auf die „Definition of Done" setzen. Die Einträge dienen der Transparenz. So können bessere Schätzungen vorgenommen werden und das Team versteht besser, was an Qualität erwartet wird.

✔ Value of work currently represented in the Product Backlog

□ How the team is working

Ein wichtiger Bestandteil für eine gute und produktive Zusammenarbeit ist die auch die Art und Weise, wie das Team miteinander arbeitet. Optimierungen im Ablauf und Arbeitsweisen sind Bestandteil der Sprint Retrospective.

5. When is the best for the Development Team to change the Definition of "Done"?

□ Before starting a new project

Vor dem Projekt bedeutet vor dem ersten Sprint oder sogar vor der Bildung des Scrum Teams. Das ist zu selten. Damit kann das Development Team sich nur von Projekt zu Projekt verbessern. Scrum nutzt die Chance, sich nach jedem Sprint zu optimieren. Damit werden die „Lessons Learned" aus den vorangegangenen Sprints sofort genutzt.

□ Before starting a new Sprint

Es gibt keinen Puffer zwischen Sprints. Die Sprint Retrospective ist für die Zusammenarbeit und für die Optimierung der Produktqualität abzuhalten.

✔ During the Sprint Retrospective

Die „Definition of Done" beschreibt die Qualität der Arbeit. Während der Sprint Retrospective wird Optimierung für die Arbeit am Produkt besprochen. Sollen spezifische Verfahren angepasst werden, damit ein besseres Produkt erstellt wird oder die Arbeit produktiver wird, dann werden diese im Scrum Team während der Sprint Retrospective besprochen und gemeinsam beschlossen.

□ During the Sprint Planning

Im Sprint werden Erfahrungen gemacht. In der Sprint Retrospective werden die Erfahrungen gesammelt, analysiert und ein optimiertes Vorgehen daraus abgeleitet.

Scrum Artefakte

Kurzbeschreibung

- Product Backlog
- Sprint Backlog
- Product Increment

Die Artefakte schaffen Transparenz. Die Scrum Artefakte repräsentieren die Arbeit oder den Produktwert. Durch die Artefakte kann das Scrum Team das Ziel überprüfen und im Auge behalten. Es verstärkt den empirischen Ansatz von Scrum und zeigt auch den Fortschritt an:

- Product Backlog zeigt den Fortschritt des Product Goals.
- Sprint Backlog zeigt den Fortschritt des Sprint Goals.
- Product Increment zeigt den Fortschritt der Definition of Done.

Damit wird die Möglichkeit geschaffen, schnelle Anpassungen am Produkt vornehmen zu können. Diese Anpassungen sind wiederum transparent für alle sichtbar, da diese in den Artefakten erfasst werden. Zum Beispiel durch ein weiteres Product Backlog Item, das eine korrigierende Maßnahme einleitet.

Die Scrum Artefakte sorgen für ein gemeinsames Verständnis über die wesentlichen Informationen im Scrum Projekt und über das Produkt selbst.

Transparenz der Artefakte

Transparenz ist die Basis für Scrum. Die Artefakte bilden die Entscheidungsbasis über den Wert und die Risiken im Projekt. Erst durch die Einbeziehung des Product Backlogs, des Sprint Backlogs und des Product Increments können Optimierungen am Produktwert vorgenommen werden.

Die Risikokontrolle basiert ebenso auf diesen Artefakten. Umso wichtiger ist eine entsprechende Transparenz. Damit sollen Fehlentscheidungen im Laufe des Projekts vermindert werden.

Der Scrum Master prüft, zusammen mit dem Scrum Team, ob eine ausreichende Transparenz gegeben ist. Er schult das Scrum Team darin. Er sorgt dafür, dass die Transparenz für das Team und für die Organisation verbessert wird. Dabei versucht der Scrum Master Praktiken und Methoden zu vermitteln, die alle Beteiligten in die Lage versetzen, ausreichend Transparenz zu schaffen und die Qualität aufrechtzuerhalten.

Artefakt der Transparenz

Zusätzlich zu den Scrum Artefakten gibt es noch die „Definition of Done", welche als Artefakt für die Transparenz gilt. In der „Definition of Done" werden die Mindestanforderungen an das Produkt und an die Qualitätsanforderungen festgehalten.

Die „Definition of Done" sollte gut sichtbar für alle aufgestellt oder verfügbar gemacht werden. Die Inhalte dienen auch für die Verbesserung der Schätzungen an den Backlog Items, denn die Arbeiten abgeleitet aus der „Definition of Done" müssen ebenso umgesetzt werden.

Scrum Artefakt: Product Backlog

Kurzbeschreibung

- Basiert auf dem Product Goal.
- Der Product Owner verantwortet das Product Backlog.
- Bietet guten Überblick über die bevorstehenden Features im Produkt.
- Eine geordnete Liste aller kommenden Produktmerkmale.
- Die Einträge werden Product Backlog Items genannt.
- Items, die geschätzt sind und innerhalb der Timebox vom Sprint umgesetzt werden können, bezeichnet man als „Ready".
- Items oben in der Liste sollten geschätzt sein, damit der Product Owner besser planen kann.
- Items weiter oben sind schon detaillierter und bereit, in den nächsten Sprint übernommen zu werden.
- Items weiter unten in der Liste enthalten oft nur eine vage Idee oder grobe Vorstellung und werden, je näher sie an die Umsetzung rücken, in detaillierte Items umgewandelt.
- Items werden ständig hinzugefügt.
- Items werden durch den Product Owner ständig verschoben, entfernt und angepasst.
- Items enthalten Beschreibung, Reihenfolge, Schätzung und den Wert für das Produkt.
- Es gibt nur ein Product Backlog, auch wenn mehrere Teams gemeinsam an einem Produkt arbeiten – in diesem Fall sind Team- oder Gruppenattribute denkbar.
- Refinements (Meetings) helfen, die Details in den Items auszuarbeiten.
- Product Owner erklärt die Items, damit das Development Team die Items schätzen kann.
- Schätzungen für die Items werden durch das Development Team gemacht.

Der Wegweiser im Projekt

Die erste Aufgabe in einem Scrum Projekt: Product Backlog erstellen. Das Product Goal befindet sich im Product Backlog. Das Product Backlog entsteht, um zu definieren was das Produktziel erfüllt.

Das Product Backlog beschreibt die funktionalen und nicht funktionalen Anforderungen an das System (Produkt), welche die Vision des Projekts repräsentiert.

Das Product Backlog ist eine geordnete Liste. Bei mehreren Scrum Teams für ein Produkt wird dennoch nur ein Product Backlog genutzt. Bei mehreren Teams können die Einträge im Product Backlog für die Teams markiert werden. Einträge ins Product-Backlog werden Backlog Items genannt.

Das Product Backlog wird ständig erweitert und aktualisiert. Bestehende Items werden angepasst. Neue Ideen werden als Items in das Backlog eingebracht. Das endgültige Einbringen von Items wird durch den Product Owner gemacht. Alle Teammitglieder und Stakeholder können Vorschläge einbringen. Die endgültige Entscheidung liegt jedoch beim Product Owner.

Am Anfang des Projekts befinden sich weiter oben in der Liste die am besten verstandenen und detaillierten Product Backlog Items. Der Product Owner passt diese Liste weiter an. Je nach Produkentwicklung und Anforderungen werden Items hinzugefügt, entfernt und geändert. Die Reihenfolge entspricht den Items mit dem höchsten Wert und/oder höchstem Risiko. Das Product Backlog ist dynamisch und reflektiert die aktuellen Anforderungen an das Produkt. Die Items können sich immer wieder in der Reihenfolge verschieben, sollten sich die Anforderungen und Umstände ändern.

Die Product Backlog Items können folgende Inhalte darstellen:

- Features
- Funktionalitäten
- Verbesserungen oder Fehlerbehebungen

Ein Product Backlog Item hat folgende Attribute:

- Beschreibung
- Reihenfolge
- Wert

Durch Änderungen an die Anforderungen, sei es durch Kunden, gesetzliche Rahmenbedingungen oder einen der vielen anderen möglichen Einflussfaktoren, werden Anpassungen an das Product Backlog nötig. Das Product Backlog ist eine lebendige Liste. Dauernd werden Änderungen am Product Backlog vorgenommen. Die Items werden verfeinert und dann in den Sprint Backlog gewählt und bleiben in der Regel für den Sprint unveränderlich. Am Ende landet diese Anforderung im Product Increment.

Gründe für Anpassungen am Product Backlog können Änderungen an folgenden Faktoren sein:

- Geschäftsanforderungen
- Marktbedingungen
- Technologien

Items können zu Beginn auch im unteren Teil des Backlogs gelagert werden. Diese Items sind oft nur grob formuliert und vage beschrieben. Die Verfeinerung dieser Items wird im Refinement gemacht. Die Refinement-Meetings werden während des Sprints gemacht und sollten nicht mehr als 10 % der Gesamtkapazität des Development Teams ausmachen.

Im Refinement erklärt der Product Owner die Idee, die Anforderungen und das Ziel für das Product Backlog Item. Das Development Team schätzt den Aufwand für das Item. Es gibt auch Vorschläge für die Verfeinerung. Dabei können aus einem groben Item nach einem Refinement mehrere neue Product Backlog Items entstehen. Nicht alle müssen detailliert verfeinert sein. Spätere Entwicklungen können Einfluss auf die detaillierte Beschreibung eines Items haben. Diese noch nicht ausformulierten Items werden weiter unten in Product Backlog gehalten und gegebenenfalls zu einem späteren Zeitpunkt erneut verfeinert.

Items in höherer Reihenfolge sind generell klarer formuliert. Diese Items enthalten mehr Details und können gut durch das Development Team eingeschätzt werden. Wenn ein Product Backlog Item innerhalb der Timebox eines Sprints umgesetzt werden kann, dann gilt dieses Item als „Ready" und kann in den Sprint übernommen werden. Das Refinement wird so oft gemacht, bis das Item innerhalb eines Sprints umgesetzt werden kann.

Nur das Development Team darf die Items schätzen. Damit wird gewährleistet, dass das Development Team diese Backlog Items auch umsetzen kann. Gleichzeitig stärkt dies das Vertrauen ins Development Team.

Die Schätzungen sollten grundsätzlich von den Leuten gemacht werden, welche auch die Arbeit machen müssen. Das erhöht die Wahrscheinlichkeit, dass die Schätzungen realistischer in der Umsetzung sind und eingehalten werden können. Der Product Owner kann entsprechend der Eingaben des Development Teams, die Items erneut anpassen und auch Kompromisse eingehen.

Große Projekte mit mehreren Teams

Es kann sein, dass bei sehr großen Projekten mehrere Product Owner mit ihrem eigenen Product Backlog arbeiten. Doch am Ende fließen deren Backlog Items in den einen großen Product Backlog für die Umsetzung. Die verschiedenen Product Owner sind dann das Development Team für den Haupt-Product-Owner, oder eher wie seine Assistenten. Es kann nur einen „bestimmenden" Product Owner geben.

Wenn das Produkt durch eigenständige Scrum Teams erstellt wird, dann hat der Product Owner für das Gesamtprodukt mehrere größer formulierte Items. Sein Development Team besteht dann aus den einzelnen Product Ownern der anderen Teams.

In diesem Fall haben die Product Owner deren eigene Product Backlogs. Diese richten sich jeweils nach dem Haupt-Product-Backlog.

Für eine einfachere Betrachtung bietet sich der Vergleich mit Zulieferern an. Der Product Owner hat ein Produkt. Er verfasst dessen Merkmale und bestellt bei den anderen Scrum Teams die Umsetzung, genauso als wären diese andere Unternehmen. Jedes

Team fungiert hier als eigene Einheit und erstellt transparent die übernommenen Product Backlog Items. Der vereinbarte Liefertermin wird dann im Sprint Review festgehalten.

Eigenschaften von Backlog Items, die „Ready“ sind

- Das Ziel wurde klar verstanden.
- Der Wert und Beitrag zum Produkt wurde klar verstanden.
- Das erwartete Ergebnis wurde klar verstanden.
- Die Implementierung ist in einem Sprint möglich.
- Das Development Team hat das Backlog Item geschätzt.
- Akzeptanzkriterien wurden definiert und klar verstanden.

Quiz

Fragen

1. **When several Scrum Teams are working from the same Product Backlog, how should items be selected?**

- ☐ The Product Owner must give each team with its own Product Backlog.
- ☐ The Development Team adds work in consultation with the Product Owner.
- ☒ The Product Owner determines which items to select.
- ☐ Each Scrum Team should acquire the same number of items.
- ☐ The fastest Scrum Team takes on Product Backlog items first.

2. **A Product Owner consults with a Scrum Master regarding how to estimate work in Scrum. Which of the following is the framework that a Scrum Master should give?**

- ☒ The Development Team must estimate work.
- ☐ There is no estimating in Scrum.
- ☐ Product Backlog items should be estimated in story points.
- ☐ Although the Product Owner makes the estimates, they must be reviewed with the Development Team.
- ☐ Estimates have to be in comparative units

3. **When several teams work together, each team should have their own Product Backlog.**

- ☐ True
- ☒ False

4. How is the Product Backlog organized?

- ☐ Small items go to the top and large items are moved to the bottom.
- ☒ Safer items are prioritized over riskier ones.
- ☒ According to what is most appropriate, as determined by the Product Owner.
- ☐ According to value
- ☐ Items are organized at random.

5. What best describes the Product Backlog?

- ☐ It provides enough Backlog Items to start the design phase of a product.
- ☒ It is allowed to be adjusted as more is known about the product, new circumstances and its customers.
- ☐ All foreseeable work and requirements that the Scrum Team can create and maintain a complete project plan.
- ☐ It is the base status of a project to support change management processes

Lösungen

1. When several Scrum Teams are working from the same Product Backlog, how should items be selected?

□ The Product Owner must give each team with its own Product Backlog.

Im Scrum gibt es pro Produkt und Projekt nur ein Product Backlog. Dieses Product Backlog wird von einem einzigem Product Owner kontrolliert. Es kann sein, dass bei sehr großen Projekten mehrere Product Owner mit Ihren eigenen Product Backlogs arbeiten. Doch am Ende fließen deren Backlog Items in den einen großen Product Backlog für die Umsetzung. Die verschiedenen Product Owner sind dann das Development Team für den Haupt-Product-Owner, sie sind wie seine Assistenten. Es kann nur einen „bestimmenden" Product Owner geben. Er besitzt das eigentliche Product Backlog und bestimmt, welche Product Backlog Items für den nächsten Sprint genommen werden.

Der Product Owner weist den Scrum Development Teams die Product Backlog Items zu, welche den Status „Ready" haben. Wenn jedes Scrum Team sein eigenes Product Backlog hat, kann es zu Verzögerungen und Blockaden in der Umsetzung kommen. Die Agilität ist gefährdet und die Verwaltung der Backlog Items wird komplexer. Durch die Verwaltung aller Product Backlog Items in einem Product Backlog behält jeder im Team die Übersicht über die noch ausstehenden möglichen Produktfeatures. Der Product Owner kann den Nutzen und den Wert des Produktes für den nächsten Sprint besser anpassen und steuern.

□ The Development Team adds work in consultation with the Product Owner.

Der Product Owner verantwortet das Produkt gegenüber den Stakeholdern. Er bestimmt, welche Backlog Items den maximalen Wert und Nutzen liefern. Dieses Vertrauen wird ihm durch den Auftraggeber gewährt und ermöglicht schnellere Entscheidungen und ein agiles Vorgehen in Bezug auf die neuesten Veränderungen.

✔ The Product Owner determines which items to select.

Der Product Owner besitzt das Product Backlog. Er ist für den Nutzen des Produkts und für dessen Wert verantwortlich. Er entscheidet, welches Scrum Team welches Product Backlog Item für den Sprint vorgeschlagen bekommt. So kann er für das nächste Inkrement den Nutzen und dessen Wert besser steuern.

□ Each Scrum Team should acquire the same number of items.

Der Product Owner verantwortet das Product Backlog und bestimmt die „Ready" Backlog Items für den Sprint. Die Anzahl der Sprint Backlog Items wird durch die Kapazität des Development Teams und die geschätzte Größe der Items bestimmt. Das Development Team bestimmt, wie viele Backlog Items für den Sprint umgesetzt werden können. Nicht alle Backlog Items haben die gleiche Größe. Es gibt Backlog Items mit mehr und weniger Arbeitsaufwand. Das Development Team entscheidet über die Kapazität für den Sprint. Das Development Team übernimmt entsprechend der eigenen Schätzung soviel Backlog Items in den Sprint Backlog, wie sie glauben, schaffen zu können.

□ The fastest Scrum Team takes on Product Backlog items first.

Auch wenn Backlog Items nicht voneinander abhängig sein sollen, kann es durchaus Sinn ergeben, dass bestimmte Backlog Items vom gleichen Team abgearbeitet werden sollen. Eventuell soll die Erfahrung und das Können eines bestimmten Development Teams für eine bestimmte Art von Backlog Items eingesetzt werden. Meist um die Produktivität für den Sprint zu steigern. Ein rein willkürliches Verfahren widerspricht dem empirischen Ansatz von Scrum. Denn hier nutzen wir die Erfahrung und Kenntnisse aus den vorangegangen Sprints.

2. A Product Owner consults with a Scrum Master regarding how to estimate work in Scrum. Which of the following is the framework that a Scrum Master should give?

✔ The Development Team must estimate work.

Die Personen, welche die Arbeit erledigen, sollten diese auch einschätzen. Alles andere ist nur schädlich. Dazu würde die Schätzung durch andere als das Development Team deren Eigenverantwortung untergraben. Nur das Development Team schätzt die Arbeit für die Umsetzung eines Product Backlog Items.

□ There is no estimating in Scrum.

Schätzungen von Backlog Items sind ein wesentlicher Bestandteil in Scrum. Nur Product Backlog Items, die „Ready" sind, dürfen in den Sprint Backlog überführt werden. Ein Aspekt für den Status „Ready" ist die Schätzung durch das Development Team. Ohne die Aufwandschätzung der Backlog Items kann nicht bestimmt werden, wie viele Product Backlog Items in den Sprint übernommen werden können. Außerdem ist auch nicht möglich, irgendeine Art von Vorhersagen zu Lieferterminen oder zu Release-Terminen zu machen.

□ Product Backlog items should be estimated in story points.

Scrum ist ein Rahmenwerk für die Umsetzung von Projekten und bietet dafür einen Prozessablauf. Wie die Schätzung von Product Backlog Items gemacht werden soll, ist nicht vorgegeben. So können verschiedene Methoden für die Schätzung genutzt werden. Gibt es bereits eine anerkannte und gelebte Methode für die Aufwandschätzung, kann man diese einsetzen. Dies reduziert die Komplexität für Schätzungen, da das Development Team keine neue Technik oder Methode erlernen muss.

□ Although the Product Owner makes the estimates, they must be reviewed with the Development Team.

Nur das Development Team sollte die Backlog Items schätzen. Weil das Development Team die Arbeit machen wird, kann das Development Team auch die Besonderheiten berücksichtigen, welche einkalkuliert werden sollten. Eine zuverlässige Vorhersage ist nicht möglich, wenn die Schätzung durch andere gemacht wird. Zusätzlich stört dieses Vorgehen das Vertrauen und Verhältnis zwischen dem Product Owner und Development Team. Ein gestörtes Verhältnis kann die Produktivität beeinträchtigen.

□ Estimates have to be in comparative units

Eine Schätzung von Product Backlog Items kann in verschiedenen Einheiten erfolgen. Solange das Development Team ein gleichbleibendes Wertemaß einhält, kann es die Schätzungen in jeder Einheit vornehmen. Dabei muss allen klar sein, was die genutzten Einheiten bedeuten. Dem Product Owner muss klar sein, was dies für sein Product Backlog Item bedeutet. Dem Development Team muss klar sein, wie viele Einheiten in den Sprint übernommen können werden. Das Beibehalten der gleichen Maßeinheit hilft dem Scrum Team, hierbei die Transparenz zu behalten.

3. When several teams work together, each team should have their own Product Backlog.

☐ True

✔ False

Pro Produkt gibt es nur ein Product Backlog, egal wie viele Teams daran arbeiten. Die Teams erhalten die Backlog Items für deren Sprint aus dem großen Product Backlog. Ein anderes Vorgehen würde die Koordination erschweren. So kann der Product Owner besser steuern, welche Produktmerkmale als nächste umgesetzt werden sollen.

4. How is the Product Backlog organized?

☐ Small items go to the top and large items are moved to the bottom.

Ob kleine oder große Einträge erstellt werden, hängt von der Definition der Größe ab. Ein Backlog Item darf nicht größer sein, als die maximale Kapazität für einen Sprint. Jedes Backlog Item muss in einem Sprint umsetzbar sein.

☐ Safer items are prioritized over riskier ones.

Welche als riskante Backlog Items gelten, wird nicht durch Scrum bestimmt. Vielmehr obliegt es dem Product Owner, selbst einzuschätzen, welches Item zu welchem Zeitpunkt umgesetzt werden sollte. Das Scrum Team berücksichtigt die derzeitigen Gegebenheiten sowie zukünftige Anforderungen und Entwicklungen. Dies kann dem Product Owner helfen, die Backlog Items richtig einzuschätzen. Welche Vorgehensweise für die Priorisierung genutzt wird, entscheidet der Product Owner selbst.

✔ According to what is most appropriate, as determined by the Product Owner.

Scrum bestimmt nicht, wie der Product Owner sein Product Backlog sortieren muss. Es wird lediglich empfohlen, sich auf den höchsten Produktwert zu fokussieren. Der Product Owner versucht, den bestmöglichen Wert und Nutzen des Produkts zu erreichen. Dieses Ziel kann bei jedem Sprint erneut zu einer geänderten Reihenfolge führen. Der Wert des Produkts hängt von den Anforderungen der Stakeholder und damit auch von den Kunden ab. Diese Anforderungen und auch die Umstände können sich laufend ändern. Darum kann sich der Nutzen des Produkts auch stetig ändern. Jeder Sprint erlaubt eine Richtungskorrektur, um den höchsten Produktnutzen anzustreben. Inspect & Adadpt.

□ According to value

Der Wert kann nur durch den Product Owner bestimmt werden. Dabei kann sich der Wert jederzeit anpassen. Was heute noch einen hohen Wert hat, kann morgen einen niedrigen Wert besitzen. Der Wert bemisst sich durch viele Faktoren. Darum passt die erste Antwort besser.

□ Items are organized at random.

Backlog Items müssen durch den Product Owner priorisiert werden. Er verantwortet den Produktnutzen gegenüber den Stakeholdern. Sein Ziel ist es, mit jedem Product Increment ein potenziell auslieferbares Produkt zu erhalten, welches schon zu Beginn den höchsten Nutzen bringt. Damit kann der Product Owner steuern, wann ein Release ausgeliefert wird und welche Features enthalten sind.

5. What best describes the Product Backlog?

□ It provides enough Backlog Items to start the design phase of a product.

Die Backlog Items stellen Funktionen und Werte des zu erstellenden Produkts dar. Eine dedizierte Designphase gibt es in Scrum nicht.

✔ It is allowed to be adjusted as more is known about the product, new circumstances and its customers.

Das Product Backlog wird durch den Product Owner ständig angepasst. Der Product Owner organisiert seine Ideen und Wünsche an das Produkt in seinem Product Backlog. Je näher die Backlog Items dem Umsetzungszeitpunkt kommen, desto detaillierter sollten die Einträge werden. Das Product Backlog gehört dem Product Owner.

□ All foreseeable work and requirements that the Scrum Team can create and maintain a complete project plan.

Das Product Backlog muss nicht alle zu erwartenden Features oder Arbeiten enthalten. Vielmehr wachsen die Anforderungen und Ideen mit dem Fortschreiten des Produkts. Anforderungen und Situation können sich ständig ändern, dies wiederum kann eine Anpassung an den Backlog Items erfordern. Es ist nicht realistisch, alle zukünftigen Arbeiten und Anforderungen vorab bestimmen zu können.

□ It is the base status of a project to support change management processes

Das Product Backlog ist lebendig und nicht ein Basisplan für das komplette Projekt. Vielmehr werden Product Backlog Items ständig angepasst. So befinden sich vage Ideen sowie detaillierte Anforderungen zusammen im Backlog.

Scrum Artefakt: Sprint Backlog

Kurzbeschreibung

- Enthält die umzusetzenden Product Backlog Items.
- Enthält die Arbeiten für die Umsetzung zu den Sprint Backlog Items.
- Notwendige Aufgaben und Arbeiten für die Umsetzung können im laufenden Entwicklungsprozess angepasst werden.
- Gehört dem Development Team.

Das Sprint Backlog gehört dem Development Team. Das Sprint Backlog enthält alle für diesen Sprint ausgewählten Product Backlog Items. Dazu enthält es auch die Liste mit den nötigen Aufgaben für die Umsetzung der einzelnen Backlog Items. Es enthält also das Ziel (Backlog Items) und einen Umsetzungsplan (Aufgabenliste oder Tasks).

Die Auswahl der Backlog Items ist nach dem Sprint Planning abgeschlossen. Die Aufgabenliste sollte soweit fertig sein, dass das Development Team die ersten Sprint-Tage entwickeln kann. Mindestens aber soviel, dass es Arbeit für die nächsten 24 Stunden hat. Gerade Fortschritte in der Entwicklung helfen beim Festlegen der nachfolgenden Aufgaben, welche nötig sind, um die Sprint Backlog Items abzuarbeiten.

Das Development Team verändert das Sprint Backlog ständig. Werden weitere Arbeitsschritte nötig, um die Backlog Items umzusetzen, werden diese Arbeiten dem Sprint Backlog hinzugefügt. Aufgaben, welche sich erübrigt haben, oder nicht mehr nötig sind, werden vom Sprint Backlog entfernt.

Das Anpassen der Aufgaben ist Teil des Lernprozesses während der Umsetzung. Je mehr sich das Development Team mit dem Produkt befasst, und je weiter es mit der Entwicklung vorankommt, desto besser können die Folgearbeiten ermittelt, identifiziert und eingeschätzt werden.

Fortschrittskontrolle im Sprint

Jedes mal, wenn eine Aufgabe abgeschlossen oder entfernt wurde, wird die erwartete Arbeit aktualisiert. Damit behält das Development Team den Überblick, über die noch anstehenden Arbeiten.

Damit ist das Sprint Backlog immer aktuell. Es zeigt dem Development Team genau, ob es immer noch auf Kurs ist, also ob es das aktuelle Sprint Goal erreichen wird. Dadurch kann das Development Team die Umsetzung und die Prioritäten optimal eigenständig anpassen.

Spätestens zum Daily Scrum, müssen alle noch offenen Arbeiten erfasst werden. Damit dient das Sprint Backlog auch als Entscheidungshilfe für das Development Team, welches Backlog Item, bzw. Arbeiten als nächstes angegangen werden sollten.

Continuous Improvement

Das Sprint Backlog macht alle notwendigen Arbeiten sichtbar, die zur Erreichung des Sprint Goals nötig sind.

Um eine ständige Optimierung zu erreichen, enthält es auch mindestens eine wichtige Optimierungsanforderung aus den vorangegangenen Retrospective Treffen. Dabei handelt es sich um Verbesserungen in der Kommunikation, im Ablauf und in der Umsetzung von Scrum. Die Optimierungen betreffen sowohl das Scrum Team als auch die Stakeholder.

Eigentlich ist es die Frage: Was müssen wir unbedingt an dem von uns gelebten Scrum Ablauf optimieren, damit der Scrum Prozess und damit auch das Projekt besser voran kommen?

Beim ersten Sprint fehlen diese Optimierungen natürlich, da noch keine Retrospective abgehalten wurde.

Quiz

Fragen

1. What is the purpose of the Sprint Backlog?

- ☐ To control the Development Team
- ☒ It is a detailed planning for the implementation
- ☐ It is a control panel for the Product Owner to overwatch the Development Teams work

2. Which of the following is included in the Sprint Backlog?

- ☒ User Stories
- ☐ Use Cases
- ☒ Tests
- ☒ Tasks, and other things that are a breakdown of the selected Product Backlog
- ☒ Product Backlog Items
- ☒ Definition of Done
- ☐ Work breakdown structure (WBS)
- ☒ Sprint Goal

3. When does a Sprint end?

- ☐ When the Product Owner says so.
- ☐ When all Product Backlog items are completed.
- ☒ When the timebox finishes.
- ☐ When all the tasks are finished.

4. At what point is the Sprint Backlog created?

☐ In the middle of a Sprint.

☒ During Sprint Planning.

☐ At the start of a project.

☐ Before the Sprint Planning meeting.

5. When does a second Sprint begin?

☐ Immediately following the first.

☒ Once the Product Backlog for the second Sprint has been chosen.

☐ Once the senior architect approves the architectural adjustments for the second Sprint.

☐ Once the customer has tested the first Sprint.

6. Which sentence best explains the Sprint Backlog as a result of the Sprint Planning?

☐ It is a thorough list of the work that must be done during a Sprint.

☐ Product Owner orders it.

☐ Each item has a specific owner.

☒ Every task is assessed in hours.

☒ It is the plan the Development Team has for the Sprint.

7. Sprint burndown charts are an effective tracking tool as they demonstrate:

☐ How much effort a Sprint has required.

☐ An approximation of the total work left in the Sprint.

☐ The number of hours worked by each team member.

☒ The number of Product Backlog Items that are left.

8. How much of the Sprint Backlog should be determined in the Sprint Planning meeting?

- ☐ A sufficient number of tasks for the Scrum Master to be sure the Development Team has understood the Sprint.
- ☐ Enough to comprehend the design and architectural consequences.
- ☒ Enough for the Development Team to create the best forecast it can of what it is able to do and to be able to begin the first few days of the Sprint.
- ☐ The entire Sprint Backlog must be determined before the end of the Sprint Planning meeting.

9. Who is the owner of the Sprint Backlog?

- ☒ Scrum Team
- ☐ Scrum Master
- ☒ Development Team
- ☐ Management

Lösungen

1. What is the purpose of the Sprint Backlog?

□ To control the Development Team

Das Development Team verwaltet sich selbst. Es nutzt das Sprint Backlog, um den Überblick der anstehenden Arbeiten für den Sprint zu behalten.

✔ It is a detailed planning for the implementation

Der Sprint Backlog wird regelmäßig aktualisiert. Das Development Team trägt hierfür die Verantwortung. Es ist ein Plan, wie das Team die für den Sprint ausgewählten Product Backlog Items in ein potenziell auslieferbares Produkt umwandelt.

□ It is a control panel for the Product Owner to overwatch the Development Teams work

Das Sprint Backlog ist eine Art Detailplanung für die Umsetzung. Wie jedoch die Arbeit umgesetzt wird, entscheidet das Development Team.

2. Which of the following is included in the Sprint Backlog?

Das Sprint Backlog gehört dem Development Team. Das Development Team nutzt das Sprint Backlog für die Planung der Arbeiten im Sprint. Das Sprint Backlog enthält alle Backlog Items für den Sprint und zusätzlich einen Plan, wie diese Backlog Items umgesetzt werden sollen. Dieser Plan enthält die notwendigen Arbeiten.

Das Development Team erstellt für die Backlog Items also entsprechende Arbeitsschritte und erfasst alles Notwendige zur Erreichung des Sprint Goals. Dazu gehört der Fortschritt, die verbleibende Arbeit und andere sinnvolle Sachen, die dazu beitragen, dass Sprint Goal zu erreichen.

✔ User Stories

□ Use Cases

Benötigt eher der Product Owner für das Definieren der Backlog Items. Sobald das Backlog Item im Sprint ist, sollte es ausführlich verstanden sein. Ein Use Case kann dennoch dazugehören, aber dann als Bestandteil des Backlog Items und nicht alleine.

✔ Tests

✔ Tasks, and other things that are a breakdown of the selected Product Backlog

□ Product Backlog Items

Product Backlog Items sind im Product Backlog.

□ Definition of Done

Die *Definiton of Done* gehört nicht zum Sprint Backlog, da diese übergeordnet zum Projekt gehört und nicht nur für einen Sprint gilt. Sie enthält Kriterien, die erfüllt sein müssen, damit ein Sprint Backlog Item als umgesetzt gilt.

□ Work breakdown structure (WBS)

In einer WBS sind auch Ressourcen eingeteilt. Dieses Vorgehen entspricht nicht einem self-empowered Development Team. Die Backlog Items dürfen nicht einer einzelnen Ressource überantwortet werden. Das gesamte Development Team steht in der Verantwortung. Zwar kann sich das Development Team absprechen, wer diesen Task machen kann, doch sollte dies nicht als Vorgehensmodell verstanden werden.

✔ Sprint Goal

Das Sprint Goal wird durch das Sprint Backlog dargestellt. Das Sprint Backlog hilft die Arbeit im Development Team zu koordinieren, dazu gehören auch Informationen die Teile von ausgewählten Product Backlog Items sind.

3. When does a Sprint end?

□ When the Product Owner says so.

Der Sprint endet, wenn die Timebox abgelaufen ist. Der Product Owner kann höchstens einen Sprint abbrechen, aber nicht bestimmen, wann der Sprint erledigt ist. Damit soll eine variierende Dauer verhindert werden. Dies bringt eine Berechenbarkeit für den Sprint, was wiederum eine Vorhersage über die Produktentwicklung und die Umsetzung der Produktanforderungen ermöglicht.

□ When all Product Backlog items are completed.

Wenn alle Sprint Backlog Items abgearbeitet sind, kann das Development Team, in Absprache mit dem Product Owner, weitere Backlog Items umsetzen. Das Product Backlog ist in der Regel nie fertig. Darin sind alle möglichen Ideen und Anforderungen erfasst. Der Product Owner sammelt dort alles Mögliche an Wünschen und entscheidet durch die Priorisierung, welches Item als nächstes umgesetzt werden soll. Mit steigender Erfahrung im Projekt werden immer mehr Items umgesetzt, was zu einer neuen Geschwindigkeit führt. Diese Geschwindigkeit, auch Velocity genannt, bietet dann für den nächsten Sprint einen Anhaltspunkt, wie viel Arbeit im nächsten Sprint umgesetzt werden kann. Der Sprint muss dafür immer die gleiche Länge haben. Deswegen endet der Sprint mit dem Ende des vorgesehenen Zeitfensters.

✔ When the timebox finishes.

Scrum bestimmt eine Reihe von Events. Die Dauer der Events werden durch die jeweiligen Zeitfenster, sogenannte Timeboxen, festgelegt. Wenn die Zeit für den Sprint abgelaufen ist, endet der Sprint. Eine Verlängerung ist nicht möglich. Nicht umgesetzte Sprint Backlog Items werden wieder in das Product Backlog gelegt. Nur so kann eine Vorhersage über die Produktentwicklung gemacht werden.

□ When all the tasks are finished.

Wenn alles Tasks abgearbeitet worden sind und es keine weiteren Sprint Backlog Items gibt, kann das Development Team in Absprache mit dem Product Owner weitere Backlog Items in den Sprint übernehmen. Dieses Vorgehen wird die Vorhersage für den nächsten Sprint anpassen. Mit steigender Erfahrung im Projekt steigert das Development Team seine Geschwindigkeit. Der Sprint endet, wenn die Dauer für den Sprint abgelaufen ist. Die Fixierung der Zeit ermöglicht eine Vorhersage über die Produktentwicklung.

4. At what point is the Sprint Backlog created?

□ In the middle of a Sprint.

Das Sprint Backlog wird während des Sprint Plannings erstellt. Ein Teil des Sprint Backlogs enthält die Backlog Items aus dem Product Backlog für diesen Sprint und der andere Teil enthält den Plan, wie die Backlog Items umgesetzt werden sollen. Das Sprint Planning ist Teil des Sprints selbst. Aber die richtige Antwortet lautet: Nur im Sprint Planning und nicht in den anderen Sprint Events.

✔ During Sprint Planning.

Das Sprint Backlog enthält die durch das Development Team angenommenen Product Backlog Items und die entsprechenden Tasks für die Umsetzung. Diese Tasks können erst nach der Auswahl der Backlog Items für den Sprint geplant werden.

□ At the start of a project.

Das Sprint Backlog ist eine Art Detailplanung für die Umsetzung. Die Auswahl und die ersten Details für die Umsetzung der ausgewählten Product Backlog Items erfolgt im Sprint Planning. Damit ist das Projekt schon im Gange. Vor dem Sprint Planning könnte der Product Owner am Product Backlog arbeiten und die Product Backlog Items für das Sprint Planning vorbereiten.

□ Before the Sprint Planning meeting.

Vor dem Sprint Planning bereitet der Product Owner das Product Backlog mit seinen Items vor. Das Sprint Backlog ist ein Ergebnis des Sprint Plannings.

5. When does a second Sprint begin?

✔ Immediately following the first.

Es gibt keine Pause zwischen den Sprints. Der nächste Sprint startet unmittelbar mit dem Ende des vorhergehenden Sprints.

□ Once the Product Backlog for the second Sprint has been chosen.

Der nächste Sprint beginnt direkt nach der Sprint Retrospective des vorangegangenen Sprints. Es gibt keine Unterbrechung. Die Sprints sind nahtlos einandergereiht. Die Auswahl der Product Backlog Items erfolgt im Sprint Planning. Das Sprint Planning ist Bestandteil des Sprints. Damit läuft der Sprint also schon, wenn man mit dem Sprint Planning beginnt.

□ Once the senior architect approves the architectural adjustments for the second Sprint.

Änderungen an der Architektur der Software ist Bestandteil der Entwicklung und wird während des laufenden Sprints als Arbeit umgesetzt. Notwendige Änderungen sind Bestandteil der Umsetzung eines oder mehrerer Backlog Items aus dem Sprint. Sollten diese nicht umgesetzt worden sein, ist das Backlog Item nicht „Done" und wird durch den Product Owner zurückgewiesen.

Dadurch wandert dieses Backlog Item zurück in das Product Backlog und muss eventuell angepasst und erneut geschätzt werden. Wann das Item erneut in die Sprint-Planning-Phase gebracht wird, entscheidet der Product Owner. Die Sprintlänge bleibt durch diesen Ablauf unberührt. Der nächste Sprint folgt direkt auf den vorherigen Sprint.

□ Once the customer has tested the first Sprint.

Die Abnahme des Product Increments und auch der umgesetzten Backlog Items aus dem Sprint wird durch den Prodcut Owner im Sprint Review gemacht. Nach dem Sprint Review folgt die Sprint Retrospective. Diese beendet den laufenden Sprint. Der nächste Sprint beginnt direkt im Anschluss. Zurückweisungen durch den Auftraggeber des Product Owners führt zu neuen Product Backlog Items. Der Product Owner bestimmt, in welchem Sprint diese umgesetzt werden sollen und führt diese Items mit Hilfe des Development Teams in den „Ready"-Zustand. Danach können diese im kommenden Sprint umgesetzt werden.

6. Which sentence best explains the Sprint Backlog as a result of the Sprint Planning?

□ It is a thorough list of the work that must be done during a Sprint.

Das Sprint Backlog besteht aus den Backlog Items und der Planung für die Umsetzung dieser Backlog Items. Die Planung muss nicht komplett abgeschlossen sein. In der Regel werden durch das Development Team weitere Arbeitsschritte während der Arbeit an den Backlog Items erstellt.

Sollte das Development Team schneller als gedacht fertig sein, kann es in Absprache mit dem Product Owner weitere Product Backlog Items in den Sprint nehmen.

□ Product Owner orders it.

Das Sprint Backlog gehört dem Development Team. Nur das Development Team kann Änderungen daran vornehmen. Nur das Development Team bestimmt die Reihenfolge der notwendigen Arbeitsschritte für die Umsetzung der geforderten Backlog Items.

□ Each item has a specific owner.

Jedes Mitglied im Development Team ist gleichberechtigt. Die einzelnen Tasks werden nicht einem einzelnen Entwickler zugewiesen. Der Entwickler nimmt sich einen Task vor und arbeitet diesen ab.

□ Every task is assessed in hours.

Die Schätzung eines Backlog Items wird in der Regel nicht unbedingt in Stunden angegeben, sondern vielmehr in Arbeit oder Aufwand. Die einzelnen Tasks werden grundsätzlich nicht geschätzt, sondern stellen einen notwendigen Arbeitsschritt für die Umsetzung dar. Die Summe der Arbeitsschritte ergibt den Aufwand für das Backlog Item.

✔ It is the plan the Development Team has for the Sprint.

Das Sprint Backlog enthält die umzusetzenden Backlog Items und einen Plan, wie diese umgesetzt werden sollen. Dabei kann es sein, dass bestimmte Schritte noch nicht geplant werden können, da sich erst in der weiteren Umsetzung nähere Details ergeben, die ebenso berücksichtigt werden müssen. Grundsätzlich liegt mindestens eine Planung für die nächsten 24 Stunden vor, sodass das Development Team ohne Unterbrechung weiterarbeiten kann.

7. Sprint burndown charts are an effective tracking tool as they demonstrate:

□ How much effort a Sprint has required.

Man kann die umgesetzten Arbeiten zwar anhand der umgesetzten Tasks erahnen, doch wird dies nicht benötigt. Der Sprint-Burndown-Chart vermittelt allen öffentlich, wie viel Arbeit noch geleistet werden muss.

✔ An approximation of the total work left in the Sprint.

Das Development Team verfolgt mit dem Sprint Backlog die Summe der verbleibenden Arbeiten für die Umsetzung der Sprint Backlog Items.

□ The number of hours worked by each team member.

Das Development Team ist als Ganzes für die Erreichung des Sprint Goals verantwortlich. Die Performance des einzelnen Entwicklers ist nicht gefragt und bringt auch nicht das Projekt weiter, da pro Sprint eventuell unterschiedliche Anforderungen und Tätigkeiten auf jeden einzelnen Entwickler zukommen.

□ The number of Product Backlog Items that are left.

Der Sprint-Burndown-Chart sagt etwas über den Sprint aus. Das Product Backlog gehört dem Product Owner und wird als Ausgangswert für den Sprint genommen. Das Product Backlog kann mit einem separatem Chart gemessen werden, zum Beispiel mit einem Burndown-Chart oder Burnup-Chart.

8. How much of the Sprint Backlog should be determined in the Sprint Planning meeting?

□ A sufficient number of tasks for the Scrum Master to be sure the Development Team has understood the Sprint.

Das Development Team organisiert sich selbst. Die einzelnen Arbeiten für die Umsetzung der Backlog Items wird durch das Development Team selbst bestimmt. Dazu ist Vertrauen ein wichtiger Faktor in Scrum-Projekten. Scrum Master und Product Owner vertrauen darauf, dass das Development Team in der Lage ist, die entsprechenden Sprint Backlog Items umzusetzen. Ansonsten hätte das Development Team bereits offengelegt, dass es nicht in der Lage dazu ist.

□ Enough to comprehend the design and architectural consequences.

Das Verständnis von Design und Implikationen sind eher im Refinement-Meeting zu untersuchen. Daraus kann der Product Owner mit Hilfe des Development Teams weitere Product Backlog Items erstellen. Es müssen schon die ersten Schritte zu den Backlog Items geplant werden, damit das Development Team mit der Umsetzung beginnen kann.

✔ Enough for the Development Team to create the best forecast it can of what it is able to do and to be able to begin the first few days of the Sprint.

Die Backlog Items werden im Sprint Planning festgelegt. Damit wird eine gewisse Stabilität in den agilen Ablauf gebracht. Die notwendigen Schritte werden durch das Development Team bestimmt. Es sollten mindestens genügend Schritte ermittelt werden, damit das Development Team bis zum nächsten Daily Scrum arbeiten kann. Gerade in sehr komplexen Software-Projekten und mit unbekannten Ergebnis können die nächsten Schritte erst mit den Erkenntnissen der vorangegangenen Schritte geplant werden.

□ The entire Sprint Backlog must be determined before the end of the Sprint Planning meeting.

Manche notwendige Tasks für die Umsetzung eines Sprint Backlog Items können erst durch entsprechende Vorarbeit genauer bestimmt werden. Wenn das Team schneller arbeitet als geplant, können in Absprache mit dem Product Owner weitere Backlog Items umgesetzt werden.

9. Who is the owner of the Sprint Backlog?

✔ The Development Team

Das Product Backlog gehört dem Product Owner. Das Sprint Backlog dient dem Development Team dazu, die Arbeit zu koordinieren und entsprechend zu planen.

□ Scrum Team

□ Scrum Master

□ Development Team

□ Management

Scrum Artefakt: Product Increment

Kurzbeschreibung

- Fertiggestelltes Produkt nach einem Sprint
- Vorheriges Produkt für den folgenden Sprint
- Inkrementelles Zwischenprodukt bis zum endgültigen Produkt
- Funktionsfähig und potenziell auslieferbar
- Auslieferung jederzeit möglich – Continuous Delivery

Das Product Increment ist das aktuelle und fertiggestellte Zwischenprodukt. Es besteht also aus allen umgesetzten Arbeiten der vorangegangenen Sprints. Es ist ein Produkt in seiner Entstehung. Dennoch achtet der Product Owner durch seine Auswahl der Backlog Items darauf, dass es potenziell einsetzbar ist und den höchsten Produktnutzen darstellt.

Es ist möglich mehrere Product Increments während eines Sprints zu erstellen. Der Sprint muss nicht weniger Backlog Items aufnehmen, nur weil sonst mehr als ein logisch zusammenhängendes Produkt-Inkrement geschaffen wird.

Mit Scrum ist es jederzeit möglich, das Projekt zu stoppen und dennoch ein brauchbares Produkt, das Inkrement, zu haben. Dazu muss der Product Owner die Backlog Items entsprechend priorisieren. Mit jedem weiteren Sprint wird das Inkrement weiter ausgebaut und verfeinert.

Die wichtigen Funktionen für das Produkt sollten also zuerst in die Sprints fließen. So entsteht zumindest ein brauchbares Product Increment, auch wenn noch nicht alle Funktionalitäten entwickelt wurden. Dies ermöglicht auch, das Projekt notfalls vorzeitig zu beenden und dennoch ein Ergebnis zu erhalten. Dieses Product Increment entspricht jeweils dem aktuell höchsten Nutzen des Produkts und Projekts.

Am Ende eines jeden Sprints muss das neue Increment „Done" sein. Das bedeutet, das Increment muss allen Anforderungen der „Definition of Done" genügen. Dies wird auch dadurch erreicht, dass die Sprint Backlog Items dem „Done" entsprechen müssen, damit diese als umgesetzt gelten.

Zusätzlich muss das Increment nutzbar und potenziell auslieferbar sein. Über die tatsächliche Auslieferung entscheidet der Product Owner. Das Increment ist aber entsprechend einsatzbereit. Das ist einer der Vorteile von Scrum. Damit ist auch jederzeit eine Auslieferung möglich. Der Product Owner kann das Increment auch mitten im Sprint veröffentlichen und dies sogar mehrmals. Es gibt im Scrum keine Regel, die dagegen spricht.

Der Scrum Master sorgt für die Einhaltung der Transparenz und prüft die Umsetzung der „Definition of Done". Dazu können Code-Reviews gehören, die er auch delegieren kann. Er muss nur sicherstellen, dass die Transparenz für den Product Owner gegeben ist.

Warum muss das Inkrement potenziell auslieferbar sein?

- Das Team erhält das Gefühl im Sprint etwas zu erreichen
- Weniger Fehler im Produkt selbst, da das Increment potenziell auslieferbar sein soll, also auch getestet und fehlerbereinigt ist
- Eine vorzeitiges Projektende liefert dennoch ein brauchbares Ergebnis

Quiz

Fragen

1. If burndown charts reflect progress, what does a trend line in a burndown chart for a release demonstrate?

☐ When work will be finished so the Scrum Team can participate in other work.

☐ When the project will be completed if the Product Owner eliminates work that requires the same amount effort as what has been added.

☐ When the outstanding work is likely to be finished if no changes are made to the Product Backlog or the Development Team.

☐ The progression of the project costs.

2. Which of the following can a Development Team deliver after a Sprint?

☐ One document, if the Scrum Master has requested it.

☐ An increment of functional software that is "done".

☐ Failing unit tests, in order to determine acceptance tests for the next Sprint.

☐ An increment of software with few defects.

3. Which factors enhance the transparency of an Increment?

☐ Presenting Sprint progress to the stakeholders each day.

☐ Monitoring and approximating how much work must be finished in a separate Sprint.

☐ Keeping the Sprint tasks up-to-date properly.

☐ Possessing the abilities and tools to build a "Done" Increment within a Sprint; performing all work required to meet the definition of "Done".

4. At the end of every Sprint, a product Increment has to be released.

- ☒ False
- ☐ True

5. What describes a product Increment of working software?

- ☒ The extended and working Product Increment build on the Increment from previous sprints.
- ☐ A new user-experience design for features delivered in previous iterations.
- ☐ A detailed tasks list of all Product Backlog Items for future Sprint Backlogs.
- ☐ Automated tests to verify all functionality is delivered in previous Sprints.
- ☐ Workflow diagram that describe how to deliver functionality in next iterations.

6. What is a good structure in order to produce integrated Increments?

- ☐ Each Development Team is working only on one technical layer of the system (e.g. GUI, database, backend).
- ☒ Each Development Team develops functionality from all technical layers from the beginning to end.

7. Scrum describes when a new Increment of working software must be available. This serves the transparency.

- ☐ When the acceptance tests are done.
- ☒ After each Sprint.
- ☐ After every 3 Sprints.
- ☐ Only if the Product Owner asks for an working Increment.
- ☐ Right before the Release Sprint.

Lösungen

1. If burndown charts reflect progress, what does a trend line in a burndown chart for a release demonstrate?

- ☐ When work will be finished so the Scrum Team can participate in other work.

Das Product Backlog ist in der Regel nie fertig. Es kommen ständig neue Ideen dazu, doch nicht alle sind sehr wichtig und nicht alle erhöhen den Wert und Nutzen des Produkts dermaßen, dass das Item sofort umgesetzt werden sollte. Diese Product Backlog Items rangieren weiter unten im Product Backlog.

Die Trendlinie ist ein Indikator, wie viel Arbeit pro Sprint umgesetzt werden kann. Damit kann der Product Owner seine Planung machen. Er kann die geschätzten Backlog Items gegen die Geschwindigkeit des Development Teams halten, welche durch die Trendlinie dargestellt wird. So bekommt der Product Owner eine gute Vorstellung davon, wie viele Backlog Items bis zu welchem Zeitpunkt umgesetzt sein könnten.

- ☐ When the project will be completed if the Product Owner eliminates work that requires the same amount effort as what has been added.

Die Trendlinie gibt die durchschnittliche Arbeitsleistung des Development Teams pro Sprint an. Damit kann der Product Owner eine Vorhersage über die schon geschätzten Product Backlog Items für einen bestimmten Zeitpunkt machen. Die Trendlinie hilft, die Arbeitsleistung transparent zu halten und ermöglicht eine Release-Planung.

- ✔ When the outstanding work is likely to be finished if no changes are made to the Product Backlog or the Development Team.

Die Trendlinie zeigt den Durchsatz des Development Teams an. Damit kann der Product Owner eine Release-Planung machen und entsprechende Vorhersagen über Inhalt und Zeitpunkt des Releases tätigen.

□ The progression of the project costs.

Die Trendlinie zeigt die Arbeitsleistung des Development Teams. Dabei kann man oft nicht genau eine 1-zu-1-Zuweisung zu den Kosten machen. In der Regel arbeitet das Development Team zu 100 % an den Backlog Items, so dass die Kosten an sich pro Sprint gleich bleiben. Man kann anhand der Trendlinie ermitteln, wie viele Sprints nötig sein werden, um eine bestimmte Menge der geschätzten Product Backlog Items umzusetzen.

2. Which of the following can a Development Team deliver after a Sprint?

□ One document, if the Scrum Master has requested it.

Der Scrum Master ist für die Einhaltung der Scrum-Regeln und für den Ablauf zuständig. Er hat aber keine Weisungsbefugnis über das Scrum Team. Nur der Product Owner bestimmt, was im Sprint geliefert werden soll. Dazu schlägt er Product Backlog Items vor, welche vom Development Team in den Sprint übernommen werden.

✔ An increment of functional software that is "done".

Am Ende eines Sprints wird ein Product Increment geliefert. Hierfür wurden die Sprint Backlog Items umgesetzt. Dazu gehört auch, dass alle Anforderungen umgesetzt wurden, die in der „Definition of Done" festgehalten wurden. Der Product Owner nimmt die umgesetzten Sprint Backlog Items im Sprint Review ab. Das Product Increment ist potenziell auslieferbar.

□ Failing unit tests, in order to determine acceptance tests for the next Sprint.

Fehlgeschlagene Tests bedeuten, dass das Sprint Backlog Item nicht umgesetzt ist, wenn zur „Definition of Done" ein entsprechender Test gehört. Dieser Test ist dann eine Mindestanforderung an das Backlog Item, bevor es als „Done" eingestuft werden kann. Am Ende des Sprints wird das Product Increment abgeliefert, welches aus den Sprint Backlog Items besteht, die den „Done" Kriterien entsprechen.

Nicht umgesetzte Sprint Backlog Items werden wieder in das Product Backlog gelegt. Diese Items müssen erneut geschätzt und eventuell umformuliert werden. Ansonsten würde die zusätzlich benötigte Arbeit nicht erfasst werden. Wenn man die unfertigen Backlog Items nicht wieder in das Product Backlog aufnimmt, ist eine realistische Planung gefährdet und das Development Team häuft einen Berg von technischen Schulden an.

□ An increment of software with few defects.

Am Ende eines Sprints wird ein Product Increment geliefert. Das Increment ist potenziell auslieferbar. Kleine Fehler werden nicht absichtlich bestehen gelassen. Vielmehr baut der Product Owner sein Product Backlog so auf, dass er möglichst ein nutzbares Produkt als Inkrement erhält. Jeder weitere Sprint fügt weitere Produktfeatures hinzu. Es wird also ein Produkt als Inkrement geliefert, das noch nicht alle Produktmerkmale besitzt, aber fehlerfrei sein sollte.

3. Which factors enhance the transparency of an Increment?

□ Presenting Sprint progress to the stakeholders each day.

Ein täglicher Report ist nicht vorgesehen. Scrum basiert auf Vertrauen, dass das Development Team alle notwendigen Arbeiten korrekt und vollständig ausführt. Da der Product Owner oft nicht in der Lage ist, die Arbeit der Umsetzung selbst zu prüfen, übernimmt der Scrum Master diese Arbeit. Er prüft die Umsetzung, ob alle Anforderungen der „Definition of Done" erfüllt wurden.

□ Monitoring and approximating how much work must be finished in a separate Sprint.

Die Transparenz bezieht sich auf die Umsetzung der Arbeiten an dem Increment. Also ob alle notwendigen Arbeiten im Zusammenhang mit den Anforderungen erledigt wurden. Dabei gilt es zu prüfen, ob die notwendigen Arbeiten erledigt wurden, welche für die Einhaltung der Einträge aus der „Definition of Done" festgelegt wurden. Der Scrum Master hilft dem Product Owner, diese zu verstehen und dem Development Team, diese zu machen. Der Scrum Master überprüft dabei die Umsetzung der Arbeit.

□ Keeping the Sprint tasks up-to-date properly.

Das Erfassen der erledigten Arbeit auf dem Weg zum Sprint Goal, hilft dem Development Team sich zu synchronisieren und die Planung für die nächsten 24 Stunden zu machen. Eine Transparenz der Arbeit für den Sprint ist nicht nötig. Die Transparenz des Increments bezieht sich auf die Einhaltung der Mindestanforderungen, welche in der „Definition of Done" erfasst wurden. Zusätzlich folgen die Anforderungen der einzelnen Backlog Items. Der Scrum Master überprüft die Umsetzung. Der Scrum Master unterstützt durch Maßnahmen und Tools das Development Team bei der Einhaltung der notwendigen Arbeiten, um der „Definition of Done" zu genügen.

✔ Possessing the abilities and tools to build a "Done" Increment within a Sprint; performing all work required to meet the definition of "Done".

Die Transparenz wird auch durch den Scrum Master überprüft. Um die Transparenz zu gewährleisten, ist es wichtig, dass das Development Team alle notwendigen Fähigkeiten besitzt, zu verstehen, welche Anforderungen an das Produkt gestellt werden und wie diese umgesetzt werden können. Ansonsten besteht die Gefahr, dass das Development Team nicht alle notwendigen Arbeiten vornimmt und die Transparenz entsprechend darunter leidet.

Mit der Transparenz kommt auch das Vertrauen, dass alles Notwendige unternommen worden ist, um das Sprint Goal zu erreichen. Der Scrum Master trägt dafür Sorge. Er untersucht die Ergebnisse mit Rücksicht auf die „Definition of Done" und Anforderungen seitens des Product Owners. Der Scrum Master unterstützt alle im Scrum Team mit Rat und Tools, sodass die Transparenz hochgehalten und stetig verbessert werden kann. Die Transparenz bezieht sich auf die Qualität und die umgesetzten Arbeiten für das Product Increment.

4. At the end of every Sprint, a product Increment has to be released.

✔ False

Das Increment muss potenziell auslieferbar sein. Die Entscheidung, ob es ausgeliefert wird, bleibt beim Product Owner. Er muss eventuell Marketing-Termine und andere Gegebenheiten berücksichtigen. Gefordert ist nur, dass jeder Sprint den Produktnutzen und damit den Produktwert erhöht und dass das Product Increment bereit ist für eine Auslieferung an die Nutzer.

□ True

5. What describes a product Increment of working software?

✔ The extended and working Product Increment build on the Increment from previous sprints.

Das Inkrement wird mit jedem Sprint um mehr Wert erweitert. Dabei werden weitere Funktionalitäten und Produkteigenschaften hinzugefügt. Das Inkrement muss dabei immer lauffähig bleiben. Es besteht also aus neuen und alten Eigenschaften.

□ A new user-experience design for features delivered in previous iterations.

Eine neue und größere Anpassung gilt nicht als Inkrement alleine. Das Inkrement besteht aus neuen Eigenschaften, die dem zuvor erstellten Inkrement hinzugefügt werden.

□ A detailed tasks list of all Product Backlog Items for future Sprint Backlogs.

Eine Aufgliederung der zu erledigenden Aufgaben für jedes Product Backlog Item gehört nicht zum Increment. Oft ergeben sich erst im Laufe der Entwicklung neue Erkenntnisse, welche die zuvor aufgegliederten Aufgaben überflüssig machen. Deswegen werden die Backlog Items im Sprint Planning und im laufenden Sprint durch das Development Team in Aufgaben zergliedert. Die Aufgaben sollen das Backlog Item liefern, welches selbst einen neuen Wert zum Produkt leistet.

□ Automated tests to verify all functionality is delivered in previous Sprints.

Automatisierte Tests, welche die umgesetzten Funktionen testen, zählen ebenso zur Arbeit des Development Teams.

- ☐ Workflow diagram that describe how to deliver functionality in next iterations.

Ein Ablaufdiagramm ist nicht unbedingt nötig. Das Development Team organisiert sich selbst. Die Entscheidung, wer wann welche Aufgabe umsetzt, um das Sprint Goal zu erreichen, wird zum Teil täglich im Development Team entschieden. Das Inkrement ist eine funktionierende Software, die bei jedem Sprint neue Funktionalitäten erhält.

6. What is a good structure in order to produce integrated Increments?

- ☐ Each Development Team is working only on one technical layer of the system (e.g. GUI, database, backend).

Durch das Arbeiten an einer einzigen technischen Schicht verlieren die Entwickler den Überblick über die angestrebte Gesamtlösung. Zusätzlich sinkt das Verantwortungsgefühl am Gesamtprodukt. Das Development Team als Ganzes verantwortet das erstellte Produkt. Auch um kurzfristige Engpässe zu überbrücken, hilft es, dass alle Mitglieder überall mitarbeiten können.

- ✔ Each Development Team develops functionality from all technical layers from the beginning to end.

Die Stärke im Development Team kommt auch von der Fähigkeit, funktionsübergreifend arbeiten zu können. Damit alle Teammitglieder überall mitarbeiten können, darf man den Anschluss nicht verlieren. So behalten auch die einzelnen Mitglieder den Überblick über die Gesamtlösung. Dafür ist die Beteiligung an allen technischen Phasen ein großer Vorteil. Auch wenn die Produktivität am Anfang durch das Einarbeiten sinkt.

7. Scrum describes when a new Increment of working software must be available. This serves the transparency.

- ☐ When the acceptance tests are done.

Die Akzeptanz-Tests gehören zur Entwicklungsarbeit und sollten mit Ende des Sprints abgeschlossen sein. Das Increment muss nach jedem Sprint potenziell auslieferbar sein. Der Product Owner bestimmt darüber, ob das Product Increment tatsächlich ausgeliefert werden soll.

✔ After each Sprint.

Nach jedem Sprint soll ein potenziell auslieferbares Product Increment entstehen. Damit hat der Product Owner mehr Kontrolle über das Produkt. Er muss dafür Sorge tragen, dass pro Sprint auch Wert im Produkt geschaffen wird. So kann selbst bei einem vorzeitigem Projektabbruch immer noch eine Lösung geliefert werden.

□ After every 3 Sprints.

Die Auslieferung wird durch den Product Owner bestimmt. Das Development Team entwickelt mit jedem Sprint ein potenziell auslieferbares Product Increment.

□ Only if the Product Owner asks for an working Increment.

Zwar bestimmt der Product Owner über die tatsächliche Auslieferung an die Nutzer, doch das Development Team erzeugt mit jedem Sprint ein Product Increment, welches potenziell ausgeliefert werden könnte.

□ Right before the Release Sprint.

Scrum sieht keinen Sprint für die Veröffentlichung vor. Vielmehr liefert jeder Sprint ein potenzielles Release. Der Product Owner bestimmt über die Veröffentlichung des Product Increments.

Artefakt der Transparenz: Definition of Done

Kurzbeschreibung

- Formulierte Qualitätsansprüche.
- Richtlinie für das Mindestmaß „Done" des Backlog Items. Alle müssen wissen, was „Done" bedeutet.
- Ermöglicht Transparenz über das Increment.
- Wird stetig erweitert, um die Qualität zu erhöhen.

Gemeinsames Verständnis

Alle Teammitglieder erfassen mit der „Definition of Done" ein gemeinsames Verständnis darüber, wann die Umsetzung eines Sprint Backlog Items erfolgt ist. Dies dient der Transparenz. Anpassungen an der „Definition of Done" werden durch das Scrum Team gemacht. Dabei können die Auswertungen und Entscheidungen aus dem Sprint Review genutzt werden.

Bei mehreren Teams für das gleiche Produkt, wird eine gemeinsame „Definition of Done" erstellt. Diese gilt für alle Scrum Teams, die am gleichen Produkt arbeiten. Ansonsten gilt, dass jedes Produkt oder System seine eigene „Definition of Done" definiert. Die „Definition of Done" sorgt dafür, dass Standards eingehalten werden.

Die „Definition of Done" enthält also Anforderungen, die nicht mehr explizit für jedes Product Backlog Item einzeln erfasst werden müssen. Zum Beispiel: „Jede Funktion muss einen Test haben". Dazu können auch nicht funktionale Eigenschaften erfasst werden.

Einfluss auf die Schätzungen

Die „Definition of Done" leitet das Development Team bei Entscheidungen für die Umsetzung. Die zusätzlichen Arbeiten aus der „Definition of Done" werden bei der Schätzung von Backlog

Items hinzugefügt. Ebenso hilft es bei Fragen, ob das Increment nach einem Sprint potenziell auslieferbar ist. So können entsprechende Backlog Items umsortiert werden.

Sollten Konventionen, Standards oder Richtlinien der Organisation Teil vom Increment sein, müssen diese ebenso einfließen. Diese Definitionen von „Done", müssen nicht gesondert erfasst werden, wenn es schon in der Organisation gelebt und erwartet wird. Abweichende und erweiternde Anforderungen werden durch das Scrum Team formuliert und in der „Definition of Done" festgehalten. So kann jedes Mitglied immer nachsehen, welche Anforderungen umgesetzt werden müssen. Damit lenkt die „Definition of Done" die Umsetzung der Backlog Items.

Bestimmt, ob ein Backlog Item fertig umgesetzt wurde

Der Zustand „Done" für ein Sprint Backlog Item beschreibt, dass alle notwendigen Arbeiten umgesetzt wurden, die in der „Definition of Done" vorgesehen sind. Erst dann ist ein Backlog Item „Done" und darf im Sprint Review vorgeführt werden. Diese Regeln und Anforderungen an „Done" werden in der „Definition of Done" festgehalten. Somit beschreibt die „Definition of Done" den Qualitätsanspruch.

Nochmal, zum besseren Verständnis

Die Definition of Done beschreibt, welche zusätzlichen Arbeiten gemacht sein müssen, um die Mindestanforderungen an Qualität für die Entwicklung einzuhalten.

Diese Definition an Mindestqualität (DoD) wächst mit der Zeit und den Ansprüchen des Development Teams an sich selbst.

Das Development Team kann auch mit Einbindung des Scrum Teams die Definition of Done ausbauen. Dabei wird, mit Blick auf des Self-Empowerment des Development Teams, sich darauf verlassen, dass das Development Team einen optimalen Weg findet, angemessene und notwendige Anforderungen zu formulieren. Dies wird dann für alle sichtbar gehalten.

Quiz

Fragen

1. As Scrum Teams mature, which of the following results are expected?

- [ ] A time-boxed Sprint is not necessary, since only new Scrum Teams need them.
- [x] They will develop the definition of "Done" to incorporate more rigorous criteria.
- [ ] As a mature team, they no longer require a Scrum Master.
- [ ] The Sprint Retrospectives will grow to be longer than 4 hours.

2. A Development Team chooses Product Backlog Items for a Sprint Backlog intending to get them "Done" by the end of the Sprint. What is the reason for having a definition of "Done"?

- [ ] It regulates whether the developers have completed their tasks.
- [x] It directs the Development Team and helps them make a forecast at the Sprint Planning.
- [x] It promotes transparency of the work that is reviewed at the Sprint Review.
- [ ] It monitors how complete Product Backlog Items are in percentage.
- [x] It describes what is required for an Increment to be ready for release.
- [ ] It gives the team a template for what should be incorporated in the technical documentation.

3. How can the Development Team handle non-functional requirements?

- ☐ It is not the Development Teams responsibilty, just ensure the release department understand these requirements.
- ☐ These are handled during the Integration Sprint before the Sprint Release.
- ☐ The lead developers are assigned to them.
- ☒ Make sure every Increment meets them.

4. A Sprint Backlog Item does not meet the Definition of "Done" at the end of the Sprint. What should happen with this Backlog Item?

- ☒ Do not include it in the Product Increment
- ☐ The „Done" part can be added to the Increment and the remaining part will be a new Story; The stakeholder can agree and the Product Owner accept it for release.
- ☐ Put it back to the Product Backlog for the Product Owner to decide what to do with it
- ☐ Accept the "Done" part and estimate the remaining part; Put the unfinished part as a new Backlog Item.

Lösungen

1. As Scrum Teams mature, which of the following results are expected?

□ A time-boxed Sprint is not necessary, since only new Scrum Teams need them.

Die Timebox bietet die Grundlage für Vorhersagen über den Sprint und über das Produkt. Die Release-Planung ist nicht möglich, wenn die Timeboxen abgeschafft werden. Ein wesentlicher Bestandteil von Scrum ist die Timebox der Ereignisse. Jedes Ereignis hat eine maximale Dauer. Dadurch wird verhindert, dass nur geredet und wenig umgesetzt wird. Die maximale Länge eines Sprints ist ein Monat, also 4 Wochen. Damit liegt das maximale Risiko für Produkt und Kosten bei einem Monat.

✔ They will develop the definition of "Done" to incorporate more rigorous criteria.

Mit zunehmender Erfahrung und erworbenen Kenntnissen über das Produkt wird das Development Team immer besser bei der Umsetzung der Sprint Backlog Items. Gleichzeitig steigt der eigene Anspruch an die Qualität und das Scrum Team ergänzt Einträge in der „Definition of Done". So steigt die Qualität der Entwicklung und des Produkts.

□ As a mature team, they no longer require a Scrum Master.

Der Scrum Master ist immer nötig. Er begleitet das Scrum Team und übernimmt auch feste Arbeiten wie das Beseitigen von Hindernissen, das Bereitstellen von benötigten Meetings und das Absolvieren von Code Reviews. Gerade wenn man in der Arbeit vertieft ist, kann ein Scrum Master mit seiner distanzierten Sicht dafür sorgen, die Scrum-Regeln einzuhalten und nicht davon abzuweichen. Das verhindert das Risiko eines ausufernden Projekts.

□ The Sprint Retrospectives will grow to be longer than 4 hours.

Jeder Event im Sprint hat seine feste maximale Dauer. Diese Dauer ist die Timebox. Eine Verlängerung ist nicht vorgesehen. Die strikte Einhaltung soll für einen kontinuierlichen Ablauf sorgen, so dass wie am Fließband immer etwas umgesetzt und ausgeliefert wird. Dies erfolgt dann zu einem berechenbaren Zeitpunkt und mit einer gleich anhaltenden Geschwindigkeit. Damit kann der Product Owner sein Produkt planen und entsprechend umsetzen lassen.

2. A Development Team chooses Product Backlog Items for a Sprint Backlog intending to get them "Done" by the end of the Sprint. What is the reason for having a definition of "Done"?

□ It regulates whether the developers have completed their tasks.

Die eigentliche Umsetzung obliegt dem Development Team. Das Development Team organisiert sich selbst und bestimmt die Art und Weise für die notwendigen Arbeiten selbst. Dabei richtet es sich nach der „Definition of Done" und plant Arbeiten für die Einhaltung der entsprechenden Anforderungen der „Definition of Done" ein. Damit wissen die Entwickler, welche Anforderungen im Sprint Review geprüft werden.

✔ It directs the Development Team and helps them make a forecast at the Sprint Planning.

Die „Definition of Done" gibt die Mindestanforderungen an die Umsetzung für jedes Backlog Item vor. Dazu können auch Nicht-funktionale Anforderungen gehören. Diese Anforderungen werden im Laufe des Projekts angepasst. Im Sprint Review können weitere Einträge zur „Definition of Done" hinzukommen, wenn das Scrum Team diese als notwendig erachtet. Diese Mindestanforderungen resultieren in zusätzlicher Arbeit und müssen bei der Schätzung der Backlog Items entsprechend berücksichtigt werden.

✔ It promotes transparency of the work that is reviewed at the Sprint Review.

Das Scrum Team prüft die Einhaltung dieser Anforderungen im Sprint Review. Durch diese Transparenz ist jedem Entwickler klar, welche Anforderungen geprüft werden.

- ☐ It monitors how complete Product Backlog Items are in percentage.

Das Product Backlog gehört dem Product Owner. Er ist für die Transparenz des Product Backlog zuständig und damit auch für die Darstellung des Fortschritts. Dies macht er in der Regel durch einen Release-Plan und dazugehörige Charts. Die „Definition of Done" enthält Einträge, die als Mindestanforderung an das umgesetzte Backlog Item gelten. Das Development Team setzt das Backlog Item um. Diese Anforderungen haben direkten Einfluss auf die Schätzung der Items, da es mit zusätzlichem Aufwand verbunden ist.

- ✔ It describes what is required for an Increment to be ready for release.

Jedes umgesetzte Backlog Item wird anhand der „Definition of Done" und der Anforderungen der einzelnen Backlog Items geprüft.

- ☐ It gives the team a template for what should be incorporated in the technical documentation.

Die Technische Dokumentation ist bei Scrum selbst Teil des Produkts. Damit ist die Aktualisierung des Dokuments ein Eintrag in die „Definition of Done". Die Technische Dokumentation ist aber nicht die „Definition of Done" selbst. Diese enthält Einträge, damit das Development Team weiß, was bei jedem umgesetzten Backlog Item geprüft wird. Es kann so die benötigte zusätzliche Arbeit für jedes Backlog Item berücksichtigen. Gerade für die Schätzung von Product Backlog Items sind die Einträge der „Definition of Done" sehr wertvoll.

3. How can the Development Team handle non-functional requirements?

- ☐ It is not the Development Teams responsibilty, just ensure the release department understand these requirements.

Die Umsetzung der Sprint Backlog Items erfolgt durch das Development Team. Damit muss sich auch das Development Team um die Erreichung der Anforderungen kümmern. Nicht-funktionelle Anforderungen können selten als Backlog Items erfasst werden.

Es sind eher Richtlinien für die Entwicklung. Diese sind auch stark von den Erwartungen im Unternehmen abhängig. Als Beispiel: Was bedeutet schnell? Diese Richtlinien werden in der „Definition of Done" erfasst.

☐ These are handled during the Integration Sprint before the Sprint Release.

Nicht-funktionelle Anforderungen stellen eher Richtlinien für die Umsetzung dar. Dazu gehören auch Werte, an denen das Produkt gemessen wird. Diese gehören in die „Definition of Done".

☐ The lead developers are assigned to them.

Scrum sieht keinen Chef-Entwickler vor. Die direkte Zuweisung von Items an einen Entwickler ist nicht vorgesehen. Nicht-funktionelle Anforderungen müssen vom ganzen Development Team in das Produkt eingearbeitet werden. Die nicht-funktionellen Anforderungen beeinflussen die Umsetzung und gehören in die „Definition of Done".

✔ Make sure every Increment meets them.

Die „Definition of Done" leitet das Development Team bei der Schätzung, bei Fragen zur Umsetzung und woran das Increment später gemessen wird. Es können auch nicht-funktionelle Anforderungen in die „Definition of Done" übernommen werden, damit man sich danach richten kann.

4. A Sprint Backlog Item does not meet the Definition of "Done" at the end of the Sprint. What should happen with this Backlog Item?

✔ Do not include it in the Product Increment

Unfertige Backlog Items werden nicht vorgestellt. Der Product Owner erwähnt diese im Sprint Review. Sonst könnte der falsche Eindruck entstehen, dass die Funktionalitäten der unfertigen Items doch vorhanden sind. Damit wird eventuell die erneute Schätzung dieser Items unterlassen und das Development Team schiebt immer mehr unerledigte Aufgaben vor sich her. Es bleiben immer mehr Items offen.

- ☐ The „Done" part can be added to the Increment and the remaining part will be a new Story; The stakeholder can agree and the Product Owner accept it for release.

Erledigte Teilarbeiten eines Backlog Items werden nicht in das Product Increment eingebunden, sofern möglich. Das Backlog Item wandert zurück in das Product Backlog. Der Product Owner entscheidet, was damit passiert. Eine erneute Schätzung wird notwendig.

- ✔ Put it back to the Product Backlog for the Product Owner to decide what to do with it

Der Product Owner kann entscheiden, wann das Item wieder für einen Sprint vorgestellt wird. Dabei muss das zurückgelegte Backlog Item eventuell erneut geschätzt werden.

- ☐ Accept the "Done" part and estimate the remaining part; Put the unfinished part as a new Backlog Item.

Wenn ein Sprint Backlog Item nicht ganz der „Definition of Done" entspricht, wird es nicht in das Increment eingebunden, sofern möglich. Somit wird es auch nicht im Sprint Review demonstriert. Der Product Owner entscheidet über dieses Item, da es wieder auf dem Product Backlog landet.

Ende

Gratuliere, Sie haben es geschafft!

Es waren ziemlich viele Fragen. Wenn Sie alle Fragen durchgearbeitet haben, sind Sie bereit, die Scrum Master Prüfung zu bestehen. Nutzen Sie dieses Buch als Nachschlagewerk. Alle Fragen sind im Fragenverzeichnis am Ende des Buchs aufgelistet.

Wie geht es nun weiter?

Sie können nun einen letzten Test machen, bevor Sie das Assessment für den Scrum Master angehen, sollten Sie noch einen Durchlauf im kostenlosen Scrum Assessment der Scrum.org machen.

Die Scrum-Master-Prüfung und das Zertifikat erhalten Sie direkt von der Scrum.org. Erstellen Sie dort einen kostenlosen Account, sofern Sie noch keinen haben.

- **https://www.scrum.org**
  Die Scrum-Organisation für Ihre Zertifizierung
- **https://www.classmarker.com/online-test/start/**
  Open Assessment – Kostenloser kurzer Test
- **https://www.scrum.org/Assessments/Professional-Scrum-Master-Assessments**
  Hier können Sie die Prüfung wählen. Für den Scrum Master wählen Sie bitte die Option „BUY PSM 1 ASSESSMENT". Diese Webseite gehört der Scrum.org. Ich habe keine Verbindung zu dieser Organisation, außer dass ich dort einige meine Zertifizierungen gemacht habe.

Nächste Schritte

1. Account auf *scrum.org* anlegen
2. Kostenloses *Open Assessment* machen
3. Assessment Code erwerben und bestehen

Bonus zum Buch

Vielen Dank für Ihr Interesse an diesem Scrum-Master-Vorbereitungskurs. Als Dankeschön möchte ich Ihnen noch ein paar kostenlose Extras zum Download anbieten.

Diese Downloads sollen Ihnen helfen, den Einstieg in Scrum sofort zu beginnen. Gerade wenn Sie mal wieder vor einer unerwarteten Frage zu Scrum stehen, ist das Bonus-Material sehr hilfreich.

Fordern Sie Ihren Bonus ein:

https://scrumprep.org/buchbonus/

- **Hörbuch** von mir vorgelesen als MP3's
- Infografik zu Scrum
- Übersichtsdiagramm zu Scrum
- Scrum Tip Sheet: Scrum-Kurzfassung als Nachschlagewerk

Drucken Sie sich die Grafiken aus. Hängen Sie sich diese immer sichtbar an die Wand, so finden Sie schnell hinein.

Die Grafiken zeigen den Scrum-Ablauf und benennen die Events und Rollen. Ideal, um anderen Scrum zu erklären. Mit einem Blick sind wieder alle Scrum-Team-Mitglieder über den Ablauf informiert. Ausgedruckt an der Wand im Scrum-War-Room ist es perfekt platziert.

Holen Sie sich Ihr Bonusmaterial, da Sie damit auch in die Liste aufgenommen werden und ich Ihnen so immer wieder nützliche Hilfsmittel und Interessantes zu Scrum und „Scrum Master sein" zusenden kann.

Vielen Dank

Saso Nikolov

Weiteres

http://www.scrumguides.org

Besuchen Sie die offizielle Webseite von Scrum und lesen Sie den Scrum Guide. Diesen gibt es in mehreren Sprachen. Der Scrum Guide dient als Referenz für die Zertifizierung zum Scrum Master und Product Owner.

http://agilemanifesto.org

Lesen Sie das Agile Manifesto. Damit hat alles begonnen. Übersetzungen sind in vielen Sprachen vorhanden und auf der Webseite zu finden.

http://scrumprep.org

Vielleicht interessiert Sie auch unser **Scrum Master Exam Simulator**. Dieser Simulator nutzt das Material aus dem Buch und Fragen interaktiv. Damit erarbeiten Sie sich spielerisch Ihr Scrum-Wissen. Informieren Sie auch Ihre Freunde und Kollegen, die davon profitieren könnten.

Die Fragen lehnen sich an die Prüfung an. Hier geht es darum, die Ängste und die Unsicherheit, um das eigene Wissen, abzubauen.

Noch mehr weiteres:

Hat Ihnen das Buch gefallen?
Haben Sie die Prüfung bestanden?

Kontaktieren Sie mich mit:

- Ihren Eindrücken
- Wünschen zum Werk
- Verbesserungsvorschlägen
- Kritik

Durch Ihr Feedback kann das Werk stetig verbessert werden und anderen angehenden Scrum Mastern den Weg zum Bestehen der Scrum Master Prüfung erleichtern.

Dank der letzten Versionen und dem vielen Feedback wurde diese Ausgabe im Vergleich zur ersten komplett umgebaut.

Ihnen und allen die mitgeholfen haben: Vielen Dank

Ihr Saso Nikolov

Zürich, 03.01.2018

Der Autor

Saso Nikolov

Informatikstudium an der FH Frankfurt.

Erste Erfahrungen als selbstständiger Dienstleister während des Studiums. Nach dem Abschluss habe ich in verschiedenen Bereichen der IT gearbeitet. Stetig auf der Suche nach Optimierung und Effizienz lese ich immer lernbegierig die verschiedensten Materialien zu betriebswirtschaftlichen und datenverarbeitenden Themen.

Professional Scrum Master, Professional Scrum Product Owner, Certified Scrum Master, Certified Product Owner und PMP.

Ich empfinde das Wissen von PMP gepaart mit dem Scrum-Regelwerk als eine ideale Kombination, Projekte umzusetzen.

Projektmanagement Zertifikate

- CSM
- CSPO
- PSM I
- PSPO I
- PMP

Scrum Master Exam Simulator

Scrum Master Exam Simulator zur optimalen Ergänzung zur Prüfungsvorbereitung

Der Scrum Master Exam Simulater könnte Sie interessieren!

Dieser Exam Simulator beinhaltet das Material aus diesem Buch. Die Fragen werden Ihnen interaktiv vorgelegt, doch diesmal ohne Hinweis, welche Antwort richtig ist. Das sofortige Feedback ermöglicht nochmal zu verstehen, was falsch war. Falsche Antworten werden Ihnen später erneut vorgelegt. Der eingebaute Quiz-Ansatz wird dadurch noch viel stärker unterstützt und Ihr Wissen kann sich festigen.

Sie verlieren jede Prüfungsangst und wissen, Sie sind bereit für das Scrum Assessment.

Erfahren Sie mehr über den Scrum Master Exam Simulator:

www.scrumprep.org/examsim/

Mehr mit Scrumprep

Kontakt

Posten Sie Ihre Erfahrung auf unserem Facebook-Auftritt und erhalten Sie weitere Tipps zum Thema Scrum.

Nehmen Sie kostenfrei teil. Lesen Sie weitere Ideen, Anregungen und Informationen rund um das Thema Scrum.

Buch-Webseite: **https://scrumprep.org**

Facebook: **https://www.facebook.com/scrumprep/**

Instagram: **https://www.instagram.com/scrumprep/**

Email Adresse: **info@scrumprep.org**

Affiliate mit scrumprep.org

Verdienen Sie mit, einer Empfehlung für unser Scrum Material zur optimalen Prüfungsvorbereitung.

Sind Sie Kursleiter oder Kursanbieter, dann können Sie sich für unser Affiliate Programm anmelden.

Erfahren Sie mehr über den Affiliate Programm:

www.scrumprep.org/affiliate/

Mitarbeiterförderung

Vielleicht haben Sie Interesse daran, dieses Werk als Geschenk an Ihre Mitarbeiter zu verteilen? Wir unterstützen Ihre Mitarbeiterförderung und bieten sehr günstige Sonderkonditionen.

Schreiben Sie mir direkt. **saso@scrumprep.org**

Für Kursanbieter

Zeigen Sie Ihren Kunden, was Sie Ihnen wert sind und schenken Sie ein nachhaltiges Buch in Ihrem Namen.

Wollen Sie begeisterte Kunden, die auch noch nach dem Kurs für Sie Werbung machen? Oft sind die Teilnehmer nach dem Kurs begeistert, doch diese Begeisterung schwindet schnell.

Vor allem im Alltag, denkt der Teilnehmer später nicht mehr daran, eventuell noch anderen von Ihrem großartigen Kurs zu erzählen.

Was passiert ohne begeisterte Empfehlungen von Ihren Teilnehmern? Automatische Empfehlungen bleiben aus und damit auch eine weitere Einnahmequelle.

Was wäre, wenn Ihre Kunden automatisch für Ihre Kurse Werbung machen würden?

Stellen Sie sich vor, Ihre Teilnehmer bleiben auch noch nach dem Kurs begeistert. Begeistert über den extra Service, den Sie bieten.

Ich präsentiere Ihnen:

Ihr eigenes Vorwort im Buch

Schenken Sie Ihren Teilnehmern jeweils ein Exemplar. Sie haben noch die Möglichkeit, wenn Sie wollen, 2 Seiten mit eigenen Infos beizufügen. Zum Beispiel: Daten zu Folgekurse oder motivierende Ansprache.

Damit haben Ihre Teilnehmer, nicht nur ein tolles Geschenk, dass automatisch für Sie Werbung macht, sondern auch sofort Ihre Kontaktdaten. Gleich auf den ersten Seiten.

- Schnelle Produkt von Kleinstmengen
- Frei Haus Lieferung

Erfahren Sie mehr über das Angebot:

www.scrumprep.org/kursanbieteroffer/

Fragenverzeichnis

Ihre Notizen

ISBN 978-3-7531-4677-5
9 783753 146775
www.epubli.de

Printed in Poland
by Amazon Fulfillment
Poland Sp. z o.o., Wrocław

81661232R00159